愛と光に目ざめる

女神事典

魂を導く86の世界の女神たち

明石麻里／CR&LF 研究所 編著

押金美和 画

JN131124

あなたを導く、女神のすべてがわかる！

| 女神たちの特徴や 役割を詳しく紹介 | 本当のあなたに気づく 86のメッセージ | 癒しのパワースポット ガイドを掲載 |

マイナビ

はじめに

　本書は、前著『夢をかなえる天使事典 ～光へ導く82の天使とマスターたち～』『幸せが授かる日本の神様事典 ～あなたを護り導く97柱の神々たち～』に続く、高次元の存在からの愛と光のメッセージを伝えるシリーズ本として生まれました。

　今回フォーカスする存在は女神たち。女神は、神々や天使たちと同様、目に見えない世界から私たち人間の成長を見守り続ける、愛に満ちあふれた存在です。

　女神や女神にまつわる神話は、世界中に数多く存在します。本書では、ギリシャやローマをはじめ、ヨーロッパ、アフリカ、アジア、日本、ハワイなど世界各国の神話に登場する86人の女神を、各地の神話とともに掲載。ハートフルかつパワフルなエナジーに満ちたイラストとともに、それぞれの特徴、役割、エネルギーなど詳しく紹介しています。

　また、本書で紹介するメッセージやエネルギーにつきましては、この本を作成するためにそれぞれの女神から得たチャネリング情報をもとに、最新情報を掲載しています。そのため、これまでの伝統的な解釈や既存の解説とは異なった内容も多く含まれています。

各地の伝承に残る女神像は、それぞれ形や性質は一見異なるように見えますが、女神の本質のエネルギーは愛と創造、調和の光です。創造性と生命の循環、受容性、慈悲……。人間をはじめとした森羅万象や生命現象の全てに、女神の力が働いています。

　また、女神の愛と光は、女性のみならず全ての男性の中にも存在しています。本書をとおして、皆様一人一人の中に宿る女神のエネルギー、女性性の力を輝かせる手助けができれば幸いです。あなたの中に点る女神の灯りは、慈しみと調和、そしておおいなる創造性をあなたの人生にもたらしてくれるでしょう。

　女神の愛と光をあなたに。

CR&LF 研究所

☆CONTENTS

Part 1

『女神の基礎知識』
·········· 9

Part 2

『女神プロフィール』
·········· 25

[コラム2]
チュタル・ホユックの女神像：
トルコ

北ヨーロッパの神話

アフリカ大陸の神話

Part 3

『女神のパワースポット』

.... 201

Part 4

『内なる女神を目ざめさせる』

.... 245

本書の使い方

本書のPart 2（P25～P199）には、『女神プロフィール』として、世界の各神話に登場する女神たちの情報や特徴、メッセージなどを詳しく紹介しています。それぞれの内容は下記のとおりです。ぜひご活用下さい。

【2ページの場合】

名前 ……

メッセージ

女神から贈られた、本当のあなたに気づくための、奇跡のメッセージを紹介しています。

物語

神話や各種文献、伝説などで描かれた、女神の物語や伝承を中心に紹介します。

データ

イメージイラスト、別名、所属、役割、象徴など細かい項目に分けて紹介しています。

【1ページの場合】

名前 ……

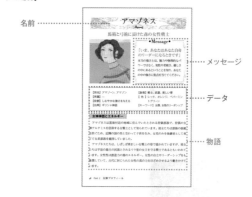

メッセージ

データ

物語

Part 1

女神の基礎知識

女神とは

女神は、私たちの究極の本質である、愛と歓びそのものです。
全ての生命を受容し、見守り、無条件の愛を贈り続けてくれる
女神とは……。

全ての創造の根源で、それらの幸せを願う聖なる女性

あなたは女神と聞いて、どんなイメージを思い浮かべますか？
いったい女神とはどういう存在なのでしょうか？

女神は、女性性がもつ神秘的な生命力や、全てを包括する愛と
調和の象徴です。それは、決して男性性や男神に対し、異質な要
素だと差別、排除しているわけではありません。なぜなら命や全
ての存在は、肉体と霊性、心と体、直感と思考というように、二つ
に分離していくのではなく、相互に繋がりあって絶妙なバランス
の中で生かされているからです。その上で女神は、全ての存在を
認め、尊重し、幸せを心から願う、聖なる女性を意味します。

女神は宗教や人種に関係なく、宇宙の全てを生み出した、創造の
根源でもあります。そのため、自然や生きとし生けるもの全てを受容
し、見守り、無条件の愛を贈り続けています。女神には、慈悲、協調、
平和、愛情、美、官能、直感、感情、リズムとサイクルなどの様々な
特徴があります。これらは私たちの中にも備わっており、この要素を
究極につきつめていくと、その本質は愛と歓びそのものになります。

女神は、愛と歓びの体現であるとともに、その子供である私た
ちに、私たち自身も愛と歓びそのものであることを教え、私たち
の内なる女神を引き出してくれる存在です。

女神の起源と隠された歴史

　私たちの祖先はいつから女神を崇めてきたのでしょう？　世界中の様々な年代の数多くの遺跡から、女神像が発見されています。およそ紀元前30000年から紀元前3000年頃にかけて、世界のあらゆる地域、文化の中で、女神や聖なる女性は崇められ、敬愛されていました。女神が敬愛された社会では、女性と男性はどちらかによって支配されるのではなく、お互いに協力し合い生活をしています。女性性は命を生み、育み、豊かな自然や食べ物をもたらし、癒し手や高次元の存在と人々を繋ぐ、聖なるものとして尊重されていました。女神はそんな女性性のパワーを高め、命や生きる歓びを肯定し、祝福してくれる存在だったのです。

　ところが、紀元前3000年頃から男性性中心の社会に変わり、平和で大地や自然を愛する文化から、力でコントロールし支配する社会へ変化します。次第に、女神への信仰や命をもたらす聖なる女性のパワーは、軽視されていきました。直感や感性よりも、知性や理論が重視され、神秘的な女性のパワーは社会を混乱させる物として否定し抑圧されました。それは、女神への敬愛が失われてしまったかのようでした。

　しかし、表面的には母系社会から父系社会へと変わっても、女神の神話や信仰は女神を信じる人、洞察力のある人たちによって密かに受け継がれ、女神の美しい絵画や彫像が残されてきたのです。そのような人々は、命を生み出す創造力への感謝と畏敬の気持ちと、抑えがたい女神への思慕に気づき、女神を守っていく勇気をもち続けたのでした。そして、女神もどんな風に扱われようとも、私たちを常に見守り、無条件の愛を注ぎ続けてきました。

再び、女神、聖なる女性がよみがえる

　私たちの多くは、過去5000年の間に、「全ての命は繋がっており、神聖なものである」という女神の教えを失ってしまいました。そのため、母なる地球への感謝を忘れ、人類のためには、地球の全てを利用して当たり前……、という行為や扱いをしてきたのです。

　しかし、21世紀に入った今、人類をはじめ生きとし生けるもの全てがこの母なる地球で生きていくために、私たちは、社会的にも環境的にもその真価を問われ、変化を求められています。そのためには、世界中の人々が、女神や聖なる女性の大切さをあらためて思い出すことが必要です。

　変化を恐れず、全てを破壊ではなく創造的に変容させていく力、変容のプロセスを愛情をもって見守ること、それはまさしく女神の働きそのものです。欧米では、ゴッデスムーブメント（女神への回帰運動）と呼ばれる活動が、多くの人々の関心を集めています。過去5000年のときを経て、今まさに、女神や聖なる女性はよみがえりの時期を迎えています。このよみがえりによって、地球は男性性と女性性のバランスのとれた、スピリチュアルに成熟した星に生まれ変わるのです。

女性性は男性の中にも存在する

　女神や聖なる女性性の特質は、女性だけがもっているものではありません。それは、女性にも男性にも備わっています。ですから、過去の歴史の中では女性だけでなく、男性の内に息づく女性性も女性の中にある女性性と同様に、場合によっては女性以上に傷つけられ、抑圧されてきました。しかし、これから地球に平和と

愛と調和のある社会をもたらすためには、女性、男性、双方の中に息づく聖なる女性性が目ざめ、花開く必要があるのです。

あなた自身がすでに女神であったことに気づく

　女神はいつも、私たちのそばにいて無条件の愛を贈ってくれています。そして私たちが幸せになれるように、サポートしています。たとえ姿形は見えなくても、いろいろな方法でメッセージを送り、コンタクトを取ろうとしています。私たちがいったん頭で考えることをストップし、心を静めれば、そのメッセージに耳を傾けやすくなるでしょう。直感やひらめき、何気なく見たテレビやビデオ、偶然目に入った本や言葉、夢といった形でも、常にメッセージを送ってくれているのです。

　この本では、世界中の様々な女神を素敵なイラストとともに紹介します。数えきれない女神の中から、特に重要と思われる女神をよりすぐりました。それぞれの女神はどんな色、香り、音に包まれているのでしょうか？　どのように生き、私たちに何を伝えようとしているのでしょうか？　女神に心を開き、その女神を感じてみてください。もし憧れる女神がいたら、その姿勢や特徴を真似してみてください。次第にあなたは女神と繋がり、女神から更に多くの愛と歓びを受け取ることでしょう。

　スピリチュアルなレベルでの女神との繋がりに気づけば、女神からのサポートを得て、幸せな生活を送る大きな助けとなります。そして、あなたの中にある、内なる女神が目ざめれば、あなたがすでに女神であり、周りを明るく照らす光であったことに気づくでしょう。

女神の働き

女神の役割を知って、パワーをいただいたり、あなたの祈りを
捧げたりしましょう。全ては女神を信じ、素直に受け取ること
から始まります。

女神への祈りと儀式

　太古から、多くの地域や文化で女神は崇められ、女神の神話が
語り継がれてきました。人々は女神に願い事を叶えていただくた
めに祈りを捧げ、パワーをいただくために儀式をおこないました。

　オーストラリア先住民のアボリジニは、エアーズロックで女性
だけの「通過儀礼」の儀式をおこないました。ギリシャのピレウ
スでは豊饒の女神デメテルにちなんだ「エレウシスの秘儀」がお
こなわれていました。エジプトではイシスを信仰する女性や巫女
によって、イシスの癒しと魔法の力を得るための「イシスの秘儀」
がおこなわれました。

　聖母マリアやマグダラのマリアも、イシスの伝統を学び「イシ
スの秘儀」をおこなっていたといわれています。

女神のパワーをいただくには

　現代に生きる私たちの日常の中では、女神にまつわる神社を参
拝したり、女神ゆかりのパワースポットを訪れたりすることで、女
神のパワーをいただくことができます。その際は、神聖な場所に

来ているという自覚をもち、太古から人々が大切に維持してきた神聖さに敬意を払いましょう。そして、心を静かにして、ゆっくりと時間を過ごし、女神やその場のエネルギーを体いっぱいに受け取りましょう。

また、自分の部屋の一角に聖なる場所を設け、女神の像や絵をかざり、女神に祈ることも効果的です。祈りの前に、部屋を塩やセージ、美しいベルの音色などで清め、あなた自身もシャワーを浴びたり、手を洗ったりといった浄化のプチ儀式をおこなってから、女神へ願いを捧げるとよいでしょう。

女神の様々な役割と祈るポイント

神話の中の女神はいずれも個性に溢れ、魅力的で、ユニークな特徴を備えています。それらの特徴は、知恵、芸術、恋愛、美、家庭、豊かさ、変容、自信、癒し、財、など多岐にわたっています。複数の分野にパワーを発揮している女神もあれば、特定のことに際立って秀でた特徴をもつ女神もあります。例えば、エジプト神話のイシス、シュメール神話のイナンナなどは、広範囲で活躍するため、聖なるスーパーウーマンといえるでしょう。また、愛と美の女神アフロディーテや、知恵の女神アテナなどは、その分野のスペシャリストです。いずれの女神も、私たちを心から愛し、女神の特徴が私たちに備わるよう、歓んでサポートしてくれます。

あなたが、今、何を必要とし、何に困り、何を願っているのかを明確にして、必要な女神に祈りを捧げてください。答えはすぐにくるかもしれませんし、しばらくたってからくるかも知れませんが、必ず聞き届けられます。ときには予想もできない、見事な方法であなたを導いてくれるでしょう。大切なことは、あなたが祈りを

捧げた女神を信じ、疑わず、心をクリアにしてメッセージを受け取ることです。

◉ 女神の働き

分野	司る主な女神
知恵、学問	アテナ、サラスヴァティー、弁財天、ミューズ
芸術	天宇受売命、サラスヴァティー、弁財天、ミューズ
恋愛、美、性の歓び	アフロディーテ、イシス、イナンナ、ハトホル、フレイヤ、リリス
魔法、クレヤボヤンス	天宇受売命、イシス、観音、西王母、ダヌ、ネイト、卑弥呼、フレイヤ
お金、財	サラスヴァティー、弁財天、ラクシュミー
家庭、結婚	ヘスティア、ヘラ
豊饒、豊かな実り	アナーヒター、天照大御神、イシス、イナンナ、櫛名田比売、コアトリクエ、セドナ、ダヌ、デメテル、バステト、パチャママ、ブリジッド、フレイヤ、マウ
出産	アルテミス、イシュチェル、木花之佐久夜毘売、バステト、ハトホル
真理、秩序	マアト

健康、癒し	イシス、イシュチェル、ダヌ、ネイト、ブリジッド、ホワイトターラー
変化と救済	イナンナ、カーリー、観音、グリーンターラー、ペレ
子供の守護、母性	アルテミス、イシス、聖母マリア、玉依毘売命^{たまよりひめのみこと}、デメテル、パールヴァティー、ハトホル
自信	アルテミス、イシス、イナンナ、カーリー、ペレ
願いを実現する	イシス、カーリー、ダヌ、フレイヤ、ペレ
工芸	ネイト、ブリジッド
創造力	伊邪那美命^{いざなみのみこと}、イナンナ、ガイア、ペレ
縁結び	菊理媛^{くくりひめ}
戦い	イナンナ、カーリー、九天玄女^{きゅうてんげんにょ}、セクメト
繁栄	木花之佐久夜毘売、ラクシュミー
浄化	アナーヒター、瀬織津姫^{せおりつひめ}

女神と女性性

女神の命の本質は「愛」と「歓び」。これは、女性性のサイクルと深い繋がりがあります。女性の生涯は、女神そのものといえるでしょう。

女性は自然のサイクルそのもの

　月は、新月から輝きを増し満月となり、影を増やしながら新月に戻ります。水は、雨となって大地に降り注ぎ、地面にしみこみます。そして、地下水となり、小川、大河を経て海に注ぎ、水蒸気となって蒸発すると、また雲になり、雨となって大地に再び降り注ぎます。

　これらのサイクルのように、自然界の全てのものは循環しています。女性は、このような自然のリズムとサイクルを自らの体と人生で体験するため、自然のサイクルそのものといえます。そのため、女性は自然と調和する能力にたけ、感性や直感がすぐれているのです。

女性性のサイクルによって女神の本質を体験

　女性は毎月の月経周期と、人生を通した性の変化という二つのサイクルによって、女神の本質である愛と歓びを体験しています。

　月経周期は、受精卵を迎えるための創造で、月経（子宮内膜の出血）は、喪失つまり小さな死と、再び卵子を作り出す再生のプロセスです。妊娠と出産も、子宮の中で胎児を成長させ、愛する胎児を出産によって解放し、また次の命の営みを待つことから、

喪失と次の創造のための再生なのです。そして、人生を通した性のサイクルは、少女 (思春期)、成熟した大人の女性 (成熟期)、妊娠から解放された自由な女性 (老年期) への変化です。女性性のサイクルを体験する中で、女性は成長し、女神の本質である、愛し合う悦びや官能、命の誕生や生きていることへの歓びを味わうのです。

　女神の本質を女性性のサイクルから見ると、「豊かさと創造力」「変容と成長」「歓びと祝祭」に分けることができるでしょう。

豊かさと創造力

　太古の人々は、この世界の全てを生んだのは、偉大なる母であると考えてきました。様々な神話においても、女神からこの世界と命が生まれたと伝えられています。この世界を創った偉大な母なる女神は、宇宙の創造主であり、豊かな自然や命の守護神なのです。

　女神の創造力は、子供を生むことだけを意味するのではありません。手芸や料理のように、何か物質的な物を作り出す能力や、演劇や音楽のような芸術的な能力、祈りや癒し、霊能力のような精神的、霊的な能力もあります。つまり、創造力は、物質的、精神的に何かを実現していくパワーを意味しています。

　もし、あなたが、豊かさと創造力を増したいときには、豊かさと創造力を守護する女神に、ぜひお願いしてください。

司る女神	天照大御神、アルテミス、イシス、イシュチェル、イナンナ、ガイア、コアトリクエ、セドナ、デメテル、パチャママ、ブリジッド

変容と成長

　偉大な母なる女神にとって、古い物を変容して別の物を創り出すことは、創造のプロセスそのものです。自然界の全てのものが循環しているように、命の営みもまた、誕生、死、再生のサイクルを繰り返しています。

　死は必ずしも、肉体の死を意味しているわけではありません。日常生活の中の、卒業、転居、転職、人間関係や行動の変化は、何らかの喪失をともなう小さな死です。スピリチュアルなレベルでも心理的なレベルでも、自分の限界を超え成長するためには、何かを手放さなければ新しい物は手に入ってきません。つまり死は、成長のために避けては通れない通過点なのです。成長するためには、変容が必要です。古代では、変容のための通過儀礼の儀式の多くが、洞窟でおこなわれました。それは、地球の子宮を象徴する洞窟に戻って、生まれ変わるという意味があったからです。

　あなたが人生の変化や危機に直面し、そこから成長したいときには、変容と成長を司る女神に助けを願いましょう。女神はあなたに、勇気と自分を信じる強さを与えてくれます。そして、あなたの直感や霊性を高め、聖なる次元の体験をサポートしてくれるでしょう。人生の危機を乗り越えたときに、第二の本当の人生が始まります。

司る女神	伊邪那美命、イシス、イナンナ、カーリー、デメテル、ヌト、ブリジッド、ペレ

歓びと祝祭

　女神の本質は、愛と歓びです。愛し合う悦び、命の誕生や生きていることへの歓びは、生命力と情熱に溢れています。セクシュアルなエネルギーは生命力のほとばしりで、インドでは、あらゆるものを生む女性の生命力を「シャクティ」と呼んでいます。

　歓びと祝祭の女神は、官能と情熱を表現し、性愛は命と豊かさを生み出す神聖なものとして尊んできました。愛にもとづいた性行為は、全ては一つであることを知り、スピリチュアルな覚醒をもたらす体験として肯定されてきたのです。そして、セクシーであることは、官能的であるだけでなく、仕事や生活の中で、ほとばしる生命力を生き生きと表現し、人生と真正面から情熱的に向き合うことを意味しています。彼女たちは、セクシーであることとスピリチュアルであることの繋がりと一体感を示し、愛と歓びを祝っています。私たちが、セクシュアリティを自由に表現し、体と心とスピリチュアルな歓びが調和するとき、私たちの意識はより高い次元へと進み、深い幸せを感じることができるでしょう。

　もしあなたが、恋愛での願いや悩みを抱えていたり、セクシーになりたい、美しくなりたい、情熱的になりたいときには、歓びと祝祭の女神に祈りを捧げましょう。あなたの内側にある秘められたセクシュアリティが、開花していくでしょう。

| 司る女神 | アフロディーテ、イナンナ、ハトホル、フレイヤ、リリス |

ヴィレンドルフの女神像
～オーストリア～

現存する人類最古の女神像

　私たちの祖先は、数万年以上も前から母なる女神を崇めてきました。生命の神秘への畏敬は母なる女神に象徴され、祈りを込めて多くの女神像が作られました。

　現存する人類最古の女神像は、オーストリアのヴィレンドルフで見つかったものです。石灰石を彫刻して作られた女神像は、高さ約11cmの小ぶりな物。1908年に、オーストリアのヴィレンドルフ近くの旧石器時代の遺跡で、考古学者のヨーゼフ・ソンバティによって発見され、その後の調査で22000年～24000年前に作られたと推定されています。同様の旧石器時代の女神像はヨーロッパ、シベリア全土で出土し、ヴィーナスの小立像と総称されています。

出産、授乳への願いを込めて

　ヴィレンドルフの女神像は、全体が丸みを帯び、大きな乳房をもち、膨張した腹部には陰部が描かれています。女性の出産、授乳という生殖への思いが込められた姿は、女神と多産や豊饒との関係を示唆しています。小さな腕は乳房の上でまとまり、頭部には明らかな顔面はなく、組み紐を巻いたかのように、七つの層が頭部を一周するように

刻まれています。七という数字が、15000 年前の青銅器時代には全体性を象徴すると見なされていたことから、女神像が作られた当時も重要な数字であったと推定できます。足は先端が細くなっており、儀礼の際に地面に差し込まれたか、護符として携帯されたのかも知れません。

女性性に気づきを与える

　ヴィレンドルフの女神像は、偉大な女神そのものです。その豊かな姿は地球の自然を象徴しています、女性の肉体の柔かさやなまめかしさ、溢れ出る生命力と母性のエネルギーからは、女性の美しい肉体への讃歌が聞こえてくるようです。全ての命を創り出す女性性は、地球や宇宙の創造力の源であり、それを通して、人間と全ての命あるもの、地球、宇宙と繋がっているのです。だからこそ、大地は私たちを支え養育し全てを与える母なる女神、つまり地母神として崇められたのです。女性であることは、誇らしいことであり、女性としての歓びをもっと味わい表現することは、全ての女性の権利といえます。この世界最古の女神像は、地母神の原型として、祖先の叡智や、永遠に続いてきた女性性の創造力を、私たちに思い起こさせてくれます。

ヴィレンドルフの女神像

レムリアの女神たち

大陸を失った後も、人々を愛と調和に導く

　かつて太平洋を中心に存在していたとされるレムリア大陸では、愛と調和をベースに高度な文明が築かれていました。レムリアには、愛の女神「アローラ」を中心に、火の女神「パレキノアハネ」、風の女神「マラハネ」、水の女神「イオハネ」、大地の女神「エオハネ」といった「火・風・水・地」4つのエレメントを象徴する女神が存在しています。

　それらの女神と神殿が主となり、世界を形作る全ての根源が息づいていて、そこで生きる多種多様な生命は愛と調和の波動に包まれ、歓びと共に非常に高度な思考水準が育まれました。人と自然や人と人との間には分離がなく、全てがハートで繋がり、魂の成長、世界の調和、愛の祈りや行動で豊かな人生が創造されていました。そして大陸がなくなったいまも、それらの存在は人々を成長へと導いてくれています。

•Message•

女神とは聖なる女性性エネルギーの源です。女神は始まりであり、終わりであり、全てであると同時に、愛の根源です。そして宇宙は女神の中に存在しています。あなたの中の女神はすでに目覚めています。行動の全ての動機を愛に戻し、内なる愛の光に導きをゆだねてください。

Part 2

女神プロフィール

ギリシャ・ローマの神話

ギリシャ神話の始まりは女神から

　「初めにカオス（混沌）があった。そして広やかな胸のガイア（大地）が生じた」古代ギリシャ神話の世界は、母なる大地の女神ガイアから始まります。母なる大地の女神によって世界が始まり、様々な女神が登場する壮大なギリシャ神話は、ギリシャを中心としたエーゲ海沿岸で語り継がれてきました。ギリシャ神話の原型は紀元前16〜12世紀ごろに花開いたミケーネ文明にあるといわれています。ミケーネ文明は、当時発達していたクレタ文明（ミノア文明）の影響を大きく受け、発展しました。クレタ文明では、女性性は命と豊饒をもたらすものとして尊重され、女神は命の歓び、生命原理そのものとして崇められていました。そのため、ギリシャ神話も、世界はガイアという母なる大地の女神によって創られたところから始まるのでしょう。

　ギリシャ神話には多くの女神が登場しますが、そのストーリーは男性の最高神ゼウスを中心に展開していきます。これは、武力国家であったミケーネ文明が父系社会であったためと考えられています。母系社会から父系社会への変化は神話の世界にも影響を及ぼしているのです。

神々の誕生

　初めにあった「カオス」は単なる無秩序ではなく、起源の神秘としてとらえられ、次に、大地の女神ガイアが誕生しました。やがてガイアは自らの力で、天空の神ウラノスを生み、自分と同じ大きさにして大地を覆うようにしました。そして、ガイアはウラノスと交わって巨人のティタン神族、一つ目の巨人キュクロプス、百本の腕と五十の頭をもつ三人の怪物ヘカトンケイルを生みました。ところが、ウラノスは我が子を好きになれず、生まれたばかりの子供たちを大地の奥深くに閉じ込めてしまいます。この仕打ちに怒ったガイアは、我が子を救うために鋭利な鎌を作り、自分が考え出した復讐の策を実行するよう子供たちに行動を求めます。果敢にもその要請に従ったのは、一番最後に生まれたクロノスでした。ある晩、クロノスは両親の寝室に忍び込み、眠りに落ちたウラノスの男性器を鎌で切り落とすと、海に投げ捨てました。海に落ちたウラノスの男性器からは泡が湧き出し、愛と美の女神アフロディーテが生まれたといわれています。

　去勢されたウラノスは力を失い、クロノスが天地の実権を掌握します。クロノスは地下に閉じ込められていた兄弟姉妹たちを解放し、姉のレアと結婚しました。そしてレアとの間に、家庭の守護女神ヘスティア、豊饒の女神デメテル、結婚の女神ヘラの三女神と、ハデス、ゼウス、ポセイドンの三男神が生まれました。しかし、クロノスもまたウラノスのように、我が子に権力を奪われることを恐れるあまり、生まれてくる子供たちを次々と飲み込んでいったのです。ガイア同様、レアも嘆き悲し

みにくれガイアに相談し、最後に生まれたゼウスだけはクレタ島の洞窟に隠すことにします。そして、産着でくるんだ大きな石を我が子と偽りクロノスに与え、何も知らないクロノスは石を飲み込みました。その後、ゼウスはニンフたちに預けられて育ちます。成長したゼウスは、父クロノスと出会い、知恵と力で争った末に勝利を収め、ゼウスはクロノスに吐き気薬を飲ませて、お腹の中の子供たちを全部吐き出させました。そして、クロノスを天上界から世界の奥底に追放してしまいました。

　やがてティタン神族が反乱を起こすと、ゼウスとティタン神族との間に争いの火ぶたが切って落とされます。10年間もかかった争いは、ゼウスが巨人のキュクロプス、怪物のヘカトンケイルらと同盟を結び、ティタン神族を打倒し勝利を収めました。そして、宇宙は分割され、天空はゼウスに、冥界はハデスに、海はポセイドンによって治められることになったのです。ゼウスはその後、他の抵抗勢力を制圧し名実ともに最高神となります。生き残ったティタン神族は冥界の底タンタロスに閉じ込められ、オリンポスの山々は全て神々の住まいとなり、新しい価値観の世界が創られました。オリンポスは天と地の境界にあり、神々が創り出した人間を始めとする全ての生き物の行動を見渡せたため、神々の住まいとなったといわれています。

オリンポス十二神の中の女神

　古代ギリシャの神々の中でも、オリンポスの十二神は特別な存在でした。十二神のうち半分は女神で、これまでの話で登場した、愛と美の女神アフロディーテ、家庭の守護女神ヘスティ

ア、豊饒の女神デメテル、結婚の女神ヘラが属しています。これに、ゼウスの娘の中のアテナとアルテミスを入れて、オリンポスの六女神となります。

　全能の神ゼウスは数え切れないほどの女性を愛し、アテナとアルテミス以外にも多くの子に恵まれました。一番目の妻メティスとの間にアテナを、二番目の妻テミスとの間に運命の三姉妹神モイライと季節の三姉妹神ホライを、三番目の妻となった姉のヘラとの間にヘパイストスやアレスたちをもうけています。これら三人の妻以外に、たくさんの恋人との間にも子供を残しています。レトとの間にアポロンとアルテミスを、デメテルとの間にペルセポネが生まれています。

ギリシャ神話とローマ神話

　ギリシャを征服したローマ人は、ギリシャから文化、学問、芸術を積極的に吸収し自国に取り入れました。神話も同様で、もともとローマにいた神々をギリシャの神々と融合させローマ神話としました。そのため、ローマ神話はギリシャ神話と非常によく似ており、ギリシャ・ローマ神話とワンセットで呼ばれるようになったのです。

アテナ
Athena

知力と創造力で争いを解決する、知恵と愛の女神

•Message•

「あなたは、あなたの望みを現実のものにしていくだけ
の知恵と愛をすでにもっています」

あなたの内なる知恵と愛を信じてください。あなたは無限のインスピ
レーションと創造力に満ち溢れています。自分にはできないという言
葉はあなたにはふさわしくありません。先延ばしにせずに直感に従っ
てください。愛と知恵が、人生の真の勝利へと導くでしょう。

神話の中の女神

知恵で勝利へと導き、平和と豊かな生活を守護

アテナはオリンポス十二神の一人で、都市国家アテネの守護神としてパルテノン神殿に祀られています。全能の神ゼウスの頭から誕生したとき、鎧・兜に身を包んで勇ましく飛び出したため、知恵と戦いの女神と呼ばれました。

彼女は直感と本質を見抜く能力に優れ、人々に適切な忠告を与え、戦いは平和を回復するものと考え、知恵をもって勝利したといわれています。またアイデアやイメージを現実化する能力にも秀で、織物や馬具、船など、人間の生活を豊かにする様々な技術や芸術をもたらしました。

女神のエネルギー

愛により統合された、女性性と男性性のエネルギー

アテナのエネルギーは、女性的なエネルギーと男性的なエネルギーとが愛で繋がれ、一つになっています。直感と理論、夢と現実、理性と衝動、思慮と行動などの相反する二つの世界が、愛という架け橋で繋がれたとき、内なる知恵に変容することを教えているのです。その知恵と愛こそが、現実の平和と真の勝利をもたらすのです。

争い事や問題を解決したいとき、夢やイメージを現実化したいときには、彼女に祈りを捧げましょう。また芸術やクラフトなど、創作活動のための力も与えてくれます。

【別名】アテネ、パラス・アテナ、アトリュトネ、ミネルヴァ、アテーナー
【所属】オリンポス十二神
【役割】戦いを知恵で解決する、生活を豊かにする、彫刻家、建築家、
　　　　画家の守護神
【出典】ギリシャ神話
【象徴】ふくろう
【　色　】ローズピンク、グリーン
【キーワード】知恵、戦い、技術、手工業、織物、家事、戦略、オリーブ、盾、水鳥

アフロディーテ

Aphrodite

海の泡から生まれ、愛と美と情熱を司る女神

●Message●

「かけがえのないあなたの美しさと、セクシュアリティを
愛し、人生に恋をしましょう」

あなたは自分の人生に、そしてあなた自身に恋をしていますか？あなたの美しさとセクシュアリティがどんなに素晴らしいか、私にはわかります。それは神から与えられたギフトで、あなたが感じる恥や恐れは幻想にすぎません。自信をもって自分を愛してください。

人々を魅了する美貌をもち、多くの恋愛を楽しむ

　愛と美と情熱の女神アフロディーテは、オリンポス十二神の一人で、人々の憧れの対象でした。海の泡から生まれたといわれ、輝く金星は彼女のシンボルです。

　鍛冶の神ヘパイストスと結婚しましたが、歓び、輝き、花盛りの三女神と愛の神エロスに付き従われ、戦神アレス、商業神ヘルメスら多くの男神と恋愛を楽しみます。特に美少年アドニスへの愛は深く、アドニスが巨大な猪に殺されたとき、その血からアネモネが、アフロディーテの流した涙から薔薇の花が咲いたといわれています。

女神のエネルギー

人生の歓びと情熱によって、黄金に輝く光

　アフロディーテは、華やかな黄金の光で輝いています。自分の美しさとセクシュアリティを認め、慈しみ、決して恥じることはありません。なぜなら愛とセクシュアリティの歓びと楽しみを通して、人は成長し変容していくからです。彼女は、情熱のまま自由奔放に行動しますが、自分を失わない強さももっています。そして、情熱は、恋愛だけでなく人生のいろんな場面に発揮されます。

　アフロディーテは、恋に落ちているように何かに取り組むとき、つまり人生に恋するとき、人は光り輝くことを私たちに教えています。

【別名】ウェヌス、ビーナス、キュテレイア、キプリス、アプロディタ、アフロディーテ・パンデモス
【所属】オリンポス十二神
【役割】愛と美を活性化し、人生に歓びと情熱をもたらす
【出典】ギリシャ神話
【象徴】ハト
【　色　】ディープピンク、ゴールド
【キーワード】愛、美、恋愛、セクシュアリティ、情熱、金星、薔薇、百合、リンゴ、感情

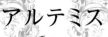

アルテミス
Artemis

自然や動物を守る、月の女神

●Message●

「女性性を祝福し、人生の変化に対する内面の強さを高めましょう」

月の満ち欠けは自然と生命のサイクルを象徴しています。月は女性の生理や、受胎・出産を守り、変化を祝福します。どうか自然の中に身を置き、月のエネルギーを感じてください。自分自身の女性性を祝福すると、人生の変化に対する内面の強さが高まるでしょう。

神話の中の女神

弓矢を携え、野山を駆け巡る勇ましい女神

　月の女神アルテミスは、ギリシャ神話のオリンポス十二神の一人で、出産と子供の守護神です。最高神ゼウスとレトの間に生まれ、太陽神アポロンの双子の姉として有名です。狩猟の女神として知られ、黄金の弓矢を携え、ほとんどの時間を野山や森の中で、動物やニンフたちと自由に過ごしました。自然を愛するアルテミスは、清らかで慎み深く、不正な行為や暴力を戒めました。

　アルテミスはまたギリシャ以外にも、小アジア周辺で、出産と子育て、大地と豊饒の女神として崇められていました。

女神のエネルギー

自然を愛し、勇気をもって良心に正直に生きる

　アルテミスの魂は、広大な自然の世界にひらかれています。彼女のエネルギーは、自然のもつ生命力やダイナミックさ、清浄さと同調し、躍動感と歓びに溢れています。そして、自然や命を守るためには、勇気をもって立ち上がり、自分の良心に正直に生きる女性です。

　アルテミスは、出産や子供、動物をサポートしています。環境を守るための援助も惜しみません。また、女性が勇気をもって正直に生きたいとき、人生の一大事のときに祈りを捧げると、必ず救いの手をさしのべてくれるでしょう。

【別名】アルテミス・カリステ、セレネ、オルティア、ディアーナ
【所属】オリンポス十二神
【役割】自然と動物を守る、出産と子供の守護神
【出典】ギリシャ神話
【象徴】弓
【　色　】ゴールド、グリーン
【キーワード】弓、狩猟、動物、鹿、熊、自然、純潔、清浄さ、自主性、出産、新月

ガイア
Gaia

万物を創造した、母なる大地の女神

•Message•

「あなたは地球の愛そのものです。自分をより愛することで、地球と全てが癒されます」

私は地球意識です。あなたのことをずっと見守ってきました。あなたの全ては、細胞の一つ一つまでもが完璧な地球の愛の現れです。あなたが愛そのものであることを受け入れ、自分自身をより愛してください。そのことが地球と全てを愛し、癒すことに繋がるのです。

神話の中の女神

地球を意味する、母性溢れる大地の女神

ガイアとはギリシャ語で「土、地球」を意味します。母なる大地の女神ガイアは、ギリシャ神話の天地創造の母神です。

原初の混沌「カオス」から生まれた女神ガイアは、太陽、月、星、自然、生物など万物を創りました。次に、自分の子であり夫でもある天空神ウラノスとの間に、神々を創造しました。ガイアは母としての愛情が深く、子供を守るためには強い態度を示します。そのため、子供をないがしろにした夫のウラノスと息子のクロノスを許せず、王位を奪ってしまいました。

女神のエネルギー

万物を創造するパワーと、全てを平等に慈しむ愛

ガイアは、目に見えないエネルギーから万物を創造するパワーと、全ての存在に対する母性愛に満ち溢れています。海、川、樹木といった自然も、あらゆる生命も、細胞の一つ一つまでもが愛しい我が子です。そして全ては、上下・大小に関係なく、平等にかけがえのないものです。地球上の万物を創造した彼女の女性的なエネルギーは、地球意識そのものといえるでしょう。地球は、生命を生み出す彼女の子宮を象徴しています。全ての女性にとって子宮は体内の地球であり、子宮を通して女神ガイアのパワーと愛に繋がっているのです。

【別名】テルス、テラ
【所属】—
【役割】万物を創造し、慈しむ
【出典】ギリシャ神話
【象徴】地球
【 色 】オレンジ、ディープブルー
【キーワード】大地、地球、土

デメテル

Demeter

豊かな実りをもたらす、穀物と豊饒の女神

●Message●

「あなたの才能を伸ばしましょう。あなたの成長のプロセスは地球を豊かにするでしょう」

あなたは無限の可能性を秘めています。麦の穂が天に向かって伸びるように、あなたの才能も伸ばして欲しいのです。本当の豊かな実りは、結果ではなく成長のプロセスそのものにあります。あなたの成長はあなただけのものでなく、地球を豊かにするのです。

さらわれた娘を取り返した、豊饒の女神

　穀物と豊饒の女神デメテルは、オリンポス十二神の一人です。クロノスとレアを両親にもち、花の女神ペルセポネを生みました。

　あるとき、娘のペルセポネが冥界の王ハデスに誘拐され、母である豊饒の女神デメテルの悲しみで、大地は不毛になってしまいます。ゼウスの助けで娘は地上に戻れたのですが、娘は既に冥界でザクロの実を食べており、冥界の住人となっていました。そのため、一年のうち四カ月を冥界で、残りを地上で母と過ごすこととなり、娘のいない四カ月は、地上は実りのない冬となるそうです。

女神のエネルギー

人や物の成長を促す、愛のエネルギー

　デメテルは、人や物の成長を促すエネルギーとパワーをもっています。人や作物の成長を助けることは、彼女の愛の現れであり生きがいなのです。そのために彼女は、世界の各地をまわる行動力ももっています。彼女の行くところは豊かな実りに恵まれ、収穫や達成の歓びを人々が分かち合うのです。植物を育てるとき、収穫を願うときには、彼女に助けを求めるとよいでしょう。また自分が成長したい、目的を達成したい、そのために行動力や変化がほしいときにも、彼女に祈りを捧げると、サポートが得られるはずです。

【別名】ベルセフォネ、ケレス
【所属】オリンポス十二神
【役割】大地に豊かな実りをもたらす
【出典】ギリシャ神話
【象徴】小麦
【　色　】グリーン、ゴールド
【キーワード】豊饒、穀物、馬、大地、農耕、満月、季節

ニンフ
Nymph
若さと美しさを備えた多才な妖精

●Message●

「あなたはいまのままで完璧です。自分の才能を信じ、自由に表現しましょう」

あなたの中の多才さと魅力に気づいてください。あなたの中には、いつでも永遠に枯れない美しい愛の光と才能の泉が溢れています。あなたが望むとき、いつでもそこにアクセスすることができます。恐れや不信でその聖なる流れをせき止めないようにしましょう。

神話の中の女神

様々な力で人々の暮らしと生命を見守る

　ニンフは、ディオニュソスやアルテミス、月の女神たちに仕える妖精であり女神です。山や川、森や谷、海など自然に宿り、それらを守っています。女神としては下級に位置し、オリンポスの神々のように不老不死ではありませんが、かなりの長寿であるとされ、人々の生活を見守っています。彼女たちは通常、歌と踊りを好む若くて美しい柔和な女性の姿で描かれますが、その性格は様々で、植物に花を咲かせたり家畜や動物を守護したり、病気を治したり、予言や神託を下したりといった、様々な能力を備えています。

女神のエネルギー

人生の豊かさや才能に愛と光を当てる

　ニンフは、泉や川、森など自然界のあちこちに棲んでいます。女神と人間の中間的な存在で、歌ったり踊ったりして楽しく暮らし、神々や人間と恋をして子供を残すこともありました。そんな親しみやすい性格をもつ彼女たちは、私たちに、人生を楽しむこと、そして自由に自分の才能を表現することを教えてくれています。自信をなくしてしまったときや、才能ややる気を見出せないとき、外へ出て自然と接してみましょう。そして静かな時間を過ごしながら、ニンフたちのメッセージに耳を傾けてください。

【別名】ニュンペー、ニュムペ、レア、アドラステア
【所属】妖精、精霊
【役割】植物や動物、自然を守護し、人々の生活を見守る
【出典】ギリシャ神話、ローマ神話
【象徴】若く美しい女性
【　色　】レインボー
【キーワード】予言、神託、家畜、癒し、誘惑

ヘスティア

Hestia

家内安全と家庭の団欒を司る、竈の女神

•Message•

「人との繋がりとぬくもりを大切にしましょう。それが世界に平和と調和をもたらします」

私たちは、人と人との繋がりの中に生かされています。相手の中に美と愛を見つけ賛美し、争いではなく相手も自分も活かされる道を見つけましょう。あなたは一人ではありません。辛いとき、孤独なときは、私がいつも傍にいることを忘れないでください。

神話の中の女神

万人の幸福を願い永遠の処女を誓う

オリンポス十二神の一人であるヘスティアは、炉の女神です。クロノスとレアの間に生まれた子供のうち最年長で、ゼウスでさえ敬意を払いました。美しく優しい彼女は、太陽神アポロンと海の神ポセイドンから度々求婚されました。しかし、万人の幸福を願うため、ゼウスの前で永遠の処女を誓いました。

ヘスティアとは「竈」を意味します。文字どおり家庭の火の守り神で、家内安全や家族の団欒の守護神です。また孤児を救済し、全世界の守り神ともされています。

女神のエネルギー

全てを包み込む温かいぬくもりを与える

竈の女神ヘスティアは、全てを包み込む温かいエネルギーの持ち主です。全ての人への尽きることのない「ぬくもり」で溢れています。ヘスティアは、安全と居場所の確保、人と人との触れ合い、家庭とコミュニティーの温かさが、人々を幸福にし、それが世界の調和と平和に繋がると信じています。そのため、家庭の中心である「炉の女神」ともいわれています。孤独なとき、人間関係で悩んでいるとき、家内安全を願うときには彼女に祈りを捧げましょう。また、世界平和のための活動に、惜しみない力を与えてくれるでしょう。

【別名】ウェスタ
【所属】オリンポス十二神
【役割】家庭生活と孤児を守護する、世界の平和を守る
【出典】ギリシャ神話
【象徴】竈、炉
【 色 】ライトイエロー、レッド
【キーワード】家庭、家内安全、家族団欒、家事、孤児

ヘラ

Hera

貞節と純潔を大切にする、結婚と婚礼の女神

•Message•

「結婚は神聖な愛の絆です。結婚生活で大切なことは
お互いの尊敬と信頼です」

結婚は魂の愛の絆です。結婚生活で愛の絆を繋ぎ続けるために大切な

ことは、互いへの尊敬と信頼です。それがあれば、どんな困難も乗り

越えることができるでしょう。気持ちが揺らぐときには、初めて愛を

誓ったときの思い出や温かい感覚で心を満たしましょう。

神話の中の女神

結婚と婚礼を司る、美しく誇り高い神々の女王

ヘラは結婚と婚礼の女神で、オリンポス十二神の一人です。クロノスとレアの間に生まれ、ゼウスの姉にして正妻、神々の女王とも呼ばれました。ヘラは、アテナ、アフロディーテとの間で美の競い合いになったほどの美貌の持ち主で、完璧な貴婦人ともいわれました。浮気の絶えないゼウスに悩み、愛人たちに試練を与えたこともありましたが、自身は貞節を守りました。毎年カナトスの泉で沐浴をして、乙女の頃の気持ちと美しさを取り戻していたようで、浮名を流すゼウスも、結局はそんな純粋な彼女の元に戻りました。

女神のエネルギー

純粋でまっすぐなエネルギーをもった、永遠の乙女

結婚と婚礼の女神ヘラは、純粋でまっすぐな心の持ち主です。乙女心を失わず、女性の貞節や純潔を大切にしました。一人の男性を生涯かけて愛し続け、妻としての務めを果たす強さももっていました。ときには激しい焼きもちを焼くこともありましたが、それは彼女の一途さと愛の深さの現れです。同様に、彼女に忠誠を誓った者を最後まで守りました。ヘラは、結婚を願っている女性の強い味方です。また、結婚生活で悩んでいるとき、夫や恋人の気持ちを取り戻したいときにも彼女の名を呼んでください。必ず助けてくれるでしょう。

【別名】ユノー、テリア
【所属】オリンポス十二神
【役割】貞節と結婚を守護する
【出典】ギリシャ神話
【象徴】クジャク
【　色　】パールホワイト、ローズピンク、ゴールド
【キーワード】結婚と婚礼、貞節、雌牛、満月

ミューズ
Muse

学問や芸術、天文学を司る知性と表現の女神たち

•Message•

「日常の生活の中で出会う人、物、全てが、あなたへの
メッセージです」

わたしたちは様々な形で直感やインスピレーションを与えています。
テレビ、新聞、インターネットなどのメディアはもちろん、夢の中やあ
なたが街や外で出会う人や物や象徴の中にもメッセージが含まれてい
ます。感覚を開いて、それらのギフトを受け取りましょう。

神話の中の女神

音楽や学問など、表現や知性の様々な領域を守護

　ミューズは、ギリシャ神話に登場する音楽や舞踏、学術、文芸などを司る複数の女神たち。至高神ゼウスと女神ムネーモシュネの娘で、九人の女神の総称とされています。その人数には異説もあり、アポロン神殿のあるデルフィやシキュオーンではウラノスの娘である三人、レスボス島では七人とされていましたが、古代ギリシアの叙事詩人ヘーシオドスによって九人にまとめられました。彼女たちはギリシャのパルナッソス山に住み、学芸の神アポロンと密接に関係しながら、それぞれ異なる領域を司っています。

女神のエネルギー

芸術やスピリチュアルな道に、インスピレーションを与える

　様々な芸術や学問を司りながら、人々をサポートする九人の女神たちの専門分野は次のとおり。カリオペは叙事詩、クレイオは歴史、メルポネペは悲劇、エウテルペは抒情詩、エラトは恋愛詩、テルプシコラは舞踏、ウラニアは天文と占星、タレイアは喜劇、ポリュヒュムニアは音楽と幾何学を司っています。彼女たちは、それぞれの分野から学者や芸術家たちに天啓と情熱を与え、その仕事を助けます。また、スピリチュアルな道を歩む人々に知恵と光と直感を与え、私たちをサポートしてくれています。

【別名】ムーサイ
【所属】—
【役割】芸術と学問を司る
【出典】ギリシャ神話
【象徴】書板・鉄筆、巻物、笛、仮面・蔦の冠・羊飼いの杖、葡萄の冠・靴、竪琴、杖
【　色　】ペールカラー
【キーワード】芸術、学問、音楽、文芸、知識

アマゾネス

Amazons

馬術と弓術に長けた森の女性戦士

•Message•

「いま、あなたはあなた自身
のリーダーになるときです」

本当の強さとは、腕力や物理的なパ
ワーではなく、知性や柔軟さ、優しさ
の中にあるということを知り、あなた
の中の強さに焦点を当ててください。

【別名】アマゾーン、アマゾン
【所属】—
【役割】しなやかな強さを与える
【出典】ギリシャ神話

【象徴】戦士、武器、美しい帯
【色】レッド、オレンジ、ペパーミン
トグリーン
【キーワード】女傑、女性のリーダシップ

女神神話とエネルギー

アマゾネスは黒海付近の地域に住んでいたとされる狩猟部族で、狩猟の女
神アルテミスを信仰する女戦士として知られています。彼女たちは部族の根絶
を防ぐため、近隣の国の男と交わって子供を生み、女児のみを後継者として育
てて女系部族を維持していました。

アマゾネスたちは、しばしば勇ましい女戦士の姿で描かれていますが、彼女
たちは宇宙の最古の民族とされるリラ星の女王を守る戦士であるともいわれて
います。女性性は創造力の源のエネルギー。女性の自立やリーダーシップをも
象徴していて、古代に封じられた女性の真の力を目ざめさせるよう働きかけて
います。

アリアドネ
Ariadne

毛糸玉を用いて助けた英雄に置き去りにされた、悲恋の女神

●Message●

「あなたの中の神聖さに光を当て、本来の自分とは誰かを思い出してください」

あなたの中にある多面性を見つけてそれを認めてください。他人の言葉ではなく自分の心の中に焦点を当てたとき、本来の才能が目ざめます。

【別名】アリアドネー、アリアグネー	【象徴】毛糸玉
【所属】—	【 色 】ミルキーホワイト、インディゴブルー
【役割】神秘の側面を照らす	
【出典】ギリシャ神話	【キーワード】月

女神神話とエネルギー

アリアドネは、ミノス王の娘で豊饒の女神とされていました。牛頭人身の怪物ミノタウルスを退治しに、クレタ島に訪れた英雄テセウスと恋に落ち、「アリアドネの毛糸玉」と呼ばれる不思議な毛糸を使って彼の偉業を助け、一緒にクレタ島を出ました。しかし、途中のナクソス島で彼女は置き去りにされるという悲恋の後、ディオニュソスに見初められ嫁いだといわれています。

母は月の女神パーシパエー、また父であるミノスの名前も月を表すことから、彼女は月のエネルギーと密接に関わっているといわれています。潜在意識に光を当て、人間の中にある様々な側面と可能性を照らし出します。

イオ
I.

雌牛の姿に変えられ、世界を放浪した美しき死と再生の女神

●Message●

「感情や捕われの心を、聖なる海の波へと手放し、浄化してください」

生命は循環です。全ては過ぎ去り、また再生されて戻ってきます。過去や一時の感情に捕われ続けることは、その生命の循環を滞らせてしまいます。

【別名】イーオー	【出典】ギリシャ神話
【所属】―	【象徴】雌牛、普遍的な母
【役割】大地と子供の守護、死と再生を司る	【色 】ブルー
	【キーワード】海、大地、豊饒

女神神話とエネルギー

イオは、至高神ゼウスの妻ヘラに仕えた美しい女官です。ゼウスに見初められ、ヘラの嫉妬から避けるためゼウスによって雌牛に変身させられてしまいます。それでも続くヘラの嫌がらせから逃れるため最後はエジプトに逃げ、そこでようやく人間の姿に戻されました。このときイオが渡った海がイオニア海です。

イオはエジプトの王と結婚し、オシリスを産んで女神イシスとなって崇められました。そこで大地の女神として大地や子供の守護を司るとともに、死と再生を守護。地上と霊的世界の森羅万象の移り変わりを見守りながら、知恵を用いて人々の魂の成長を導いています。

エイレイテュイア

Eileithyia

出産と万物の具現化のタイミングをはかり、創造性を司る女神

●**Message**●

「あなたの呼吸に意識を向け、何を取り入れるかに自覚的になってください」

全てのものは呼吸とともに現れ、呼吸とともに消え去ります。呼吸を意識的におこなうことで、全てを手に入れ、手放すこともできるのです。

【別名】エイレイテュイアイ	【象徴】出産
【所属】—	【 色 】ピンク、オレンジ
【役割】出産と産婦の守護	【キーワード】安産、母性、子
【出典】ギリシャ神話	

女神神話とエネルギー

　エイレイテュイアは、至高神ゼウスとヘラの間に生まれた出産を司る女神です。同じく出産を司るといわれるヘラやアルテミスと同一視されることもあります。

　アルテミスが受胎を司るのに対して、エイレイテュイアは出産を助ける役割をもつといわれています。彼女が立ち会わないかぎり、産婦は出産できないといわれるほど、重要な力をもっています。

　また、母神の神性をもつエイレイテュイアは、出産のタイミングを操るといわれます。彼女は子供の出産だけでなく、あらゆる物事を具現化するタイミングをはかり、クリエイティブな活動をサポートしてくれます。

エオス
Eos

日の出のような輝きを放つ、恋多き天空の女神

●Message●

「恐れや疑いは一時心を曇らせますが、それは永遠ではありません」

周囲が暗闇に包まれているように見えても、愛と希望の炎が絶えることはありません。ハートの中心には、いつも私がいることを思い出してください。

【別名】ヘオース、アウロラ、オーロラ	【象徴】暁、戦車
【所属】ティタン神族	【 色 】オレンジイエロー、ローズピンク
【役割】希望の光を点す	【キーワード】曙、星
【出典】ギリシャ神話	

女神神話とエネルギー

　エオスは、ティタン神族のヒュペリオンの娘で曙の女神です。兄弟には太陽神ヘリオス、姉妹に月の女神セレネがいます。星の神アストライオスと結婚して、西風ゼピュロスなど様々な神々をもうけました。彼女は炎のような鮮やかな髪でサフラン色の衣装をまとい、ばら色の指をもつという恋多き美しい女神でした。

　エオスは、太陽神に先駆けて天空を馳せる役割をもっていました。また、風や明けの明星を含む星々の母でもあります。彼女は星や太陽に先駆けてそれらを導く先導者であり、人生や目標を失った人の心に燦然とした灯火を点し、明るい希望を与え続けます。

エリス
Eris

災いの末に新しい道を与える、不和と争いの女神

●Message●

「あなたは今、変化のときを
迎えています。恐れず前へ
進みましょう」

混沌や葛藤からあなたの目をそむけ
ないでください。変化が訪れるとき、
誰もが不安を感じますが、そのカオ
スの先には必ず祝福が待っています。

【別名】ディスコルディア
【所属】―
【役割】不和と争いを司る
【出典】ギリシャ神話

【象徴】翼、黄金のリンゴ、混沌
【 色 】ブルー
【キーワード】混沌、不和、争い、復讐

女神神話とエネルギー

エリスは至高神ゼウスと女神ヘラの娘で、軍神アレスの双子の兄弟です。彼
女は、不和と争いの女神として知られています。ギリシャ神話では、海の女神
テティスとペレウスの結婚式に招かれなかったことに怒り、「最も美しい人へ」
と書いた黄金のリンゴを客席に投げて女神たちの間に争いを巻き起こし、トロ
イア戦争のきっかけを作ったとされます。

エリスは争いや破壊をもたらす女神として描かれますが、その本来の目的は
不調和を引き起こすことではなく、破壊によって現状を打破し新しい道を作る
ことにあります。混沌を解消する起爆剤のような役割でもあるのです。

テティス
Thetis

世界や宇宙の構成に関わる、偉大な三大女神の一人

●Message●

「心の奥深くに入ることで、
あなたは真実の光に気づく
でしょう」

海は意識の状態に例えられます。表面
がどんなに荒波だとしても、深海は常
に穏やかで、悠久の流れとともに、お
おいなる生命と知恵を宿しています。

【別名】テテュス　　　　　　　【象徴】海
【所属】—　　　　　　　　　　【 色 】ペールブルー
【役割】世界や宇宙を構成　　　【キーワード】変身
【出典】ギリシャ神話

女神神話とエネルギー

　テティスは海の神ネレウスとドリスの娘で、トロイア戦争で有名な英雄アキ
レウスの母である海の女神です。総勢五十人いたとされるネレウスの娘の中で
最も美しく、ゼウスとポセイドンから求婚されていましたが「テティスから生
まれる子供は父親よりも偉大になる」という神託から、二神は彼女との結婚を
諦めました。最終的に人間であるペレウスと結婚し、アキレウスを生みました。

　海の女神であるテティスは、万物の始まりの物語の中で夜の女神ニュクス、
大地母神ガイアとともに「三大女神」と呼ばれ、世界や宇宙を構成する母神と
して、万物に大きな役割を果たしています。

テミス
Themis

予言を与え運命と時間を操る、秩序と正義の女神

●Message●

「自分自身を裁く代わりに、許しと慈しみを与えてみましょう」

神の法とは人々に裁きを与えるものではなく、宇宙の秩序を保つための神聖なる知恵。あなたを裁いているのは他ならぬ、あなた自身なのです。

【別名】ユースティティア	【出典】ギリシャ神話、ローマ神話
【所属】ティタン神族	【象徴】剣と天秤
【役割】運命と時間を司る、予言を 与える	【 色 】パープル
	【キーワード】司法、裁判

女神神話とエネルギー

　テミスはウラノスとガイアの娘で、至高神ゼウスの二番目の妻です。彼女は、秩序と正義の女神です。ゼウスとの間に、季節を司る三姉妹のホライや、運命を司る三姉妹のモイライを生みました。彼女のもつ天秤は公平さや掟を象徴し、裁判所などのシンボルにされています。また、タロットカードの「正義」には天秤と剣を持った女性の絵が描かれ、そのモデルになったともいわれています。

　テミスはまた予言の能力にも長けていて、アポロンに神託の技術を教えたとされています。彼女はその公平さと正義をもって、私たちに聖なる知識を授け、バランスを取ることを助けます。

ニケ
Nike

高位の神々のメッセージを告げる、勝利の女神

●Message●

「あなたの最善の意思は、すでに天に伝えられています」

あなたが道を前進したいと心から望むときは、勇気をもって私の名前を呼んでください。あなたの最善の意思が動くとき、その道が照らされるでしょう。

【別名】ニーケー、ウィクトーリア	【象徴】白い翼、月桂冠
【所属】ティタン神族	【　色　】ホワイト
【役割】勝利を告げる	【キーワード】勝利、メッセンジャー
【出典】ギリシャ神話	

女神神話とエネルギー

　ニケはティタン神族の娘で、後にアテナの随神となった勝利の女神です。美しい翼を有した彼女の姿は、後の天使のイメージの原型となったとされています。古代アテナイの人々は彼らの守護女神であるアテナとともにニケを崇め、アクロポリスに美しい小神殿を建てて、彼女の像を祀りました。

　彼女は勝利の女神とされますが、自身には運命を操る力があるわけではなく、高位の神々の決定事項を伝える重要なメッセンジャーの役割をもっています。道に迷ったとき、重要な場面に出くわしたとき、彼女は偉大なる知恵をもって、勝利へと導いてくれるでしょう。

ネメシス
Nemesis

神々の怒りを司る、美しい神罰の執行者

●Message●

「あなたが人に与えている
ことに対して意識的になりま
しょう」

あなたが周囲に対して示す態度は、
全てあなたに返ってきます。あなた自
身を振り返り、その内側に奢る心を見
つけたら、愛の光で満たしてください。

【別名】—	【出典】ギリシャ神話、ローマ神話
【所属】—	【象徴】カルマ
【役割】悪事に対する復讐を司る、傲慢さを解き放つ	【色】ブラウン、オレンジ
	【キーワード】報償、刑罰、傲慢

女神神話とエネルギー

ネメシスは、原初の神で夜の女神であるニュクスから生まれた神罰の化身で
す。人間の傲慢さや神に働く無礼に対して、おごり高ぶる人間たちを懲らしめ
神々の怒りと罰を下します。傲慢な態度で相手の心を傷つける美少年ナルキッ
ソスに、自分の姿を愛してしまう呪いを与えたというのは有名な話です。

ネメシスは、復讐の女神といわれますが、彼女の与える復讐とは個人的な恨
みといったものではなく、あくまで傲慢な人間に気づきを与えること。運命の
女神をサポートする役割をもつ彼女は、人間のカルマに関わる体験を与える役
目を担っているのかもしれません。

プシュケ

Psyche

愛の神に愛され、人間から女神になった絶世の美女

【別名】プシューケー、プシケー	【象徴】蝶
【所属】—	【 色 】ペールピンク
【役割】真実の愛を教える、魂の浄化	【キーワード】美、愛、美しい魂
【出典】ギリシャ神話	

女神神話とエネルギー

　プシュケは、愛の神エロスと結ばれた恋人たちを祝福する女神です。人間界
で絶世の美女とうたわれ、その美しさに嫉妬したアフロディーテは、息子エロ
スに愛の弓矢を使ってプシュケに不幸な恋に陥れるよう命じます。しかし彼は
プシュケの美しさに魅了され、誤って恋の矢で自分の手を傷つけてしまい、自
らプシュケの虜になってしまいました。エロスと結ばれ女神となったプシュケ
は、互いを信じる心こそが愛であることを、恋人たちに囁く役割を担っていま
す。また、プシュケはギリシア語で「心」や「魂」を意味し、愛と結びつくこ
とで魂の浄化を促すことを示します。

ヘカテ
Hecate

魔術を操り夜や月を司る、冥界の女神

●Message●

「夜明け前には闇が訪れます。変化の前の闇を恐れないでください」

あなたの人生の目的や心を濁らせ、暗闇を支配しているのはあなたの中にある恐怖心です。恐怖という幻想に道を明け渡さないようにしましょう。

【別名】ヘケート	【象徴】十字路、三叉路、トリカブト
【所属】ティタン神族	【色】ダークグレー、ダークブルー
【役割】夜を司る、農作業に影響を及ぼす	【キーワード】黒魔術、冥界、月、夜、子育て
【出典】ギリシャ神話	

女神神話とエネルギー

ヘカテは巨人族であるティタン神の一人で、魔術の力をもつ大地母神です。魔術や子育て、月を司るとされ、ゼウスによって海、地上、天界を自由に活動できる権限を与えられたとされます。後に冥界と結びついて強い力をもち、呪術や妖怪変化、夜、魔女の支配者となって、人々を怖がらせました。

ヘカテは、冥界の王ハデスとペルセポネの最も厳しい面を神格化した神とされる一方で、農作業などに影響力をもつ情け深い大地母神としても知られます。月は心の闇や側面を照らすと同時に生命活動に大きく関わっていて、彼女の魔術的なイメージに影響を与えています。

へべ
Hebe

若さや活力をもたらす麗しき青春の女神

●Message●

「源の光は途切れることなく、未来永劫流れ続けています」

人はおおいなる源と切り離されることで、不完全さや何かを失う感覚を抱きます。しかし源の光は常にあなたの中に存在し、失うことはありません。

【別名】ヘーベー
【所属】—
【役割】生命力やアイデアを与える
【出典】ギリシャ神話

【象徴】神酒
【 色 】グリーン、ライトブルー
【キーワード】青春

女神神話とエネルギー

　へべは至高神ゼウスとヘラの娘で、オリンポスの神々の宴会における給仕係を勤めた若さを司る女神です。へべとは「若さ」を意味し、青春が神格化され女神となったとされます。彼女は、神々の若さを保つための不死の霊薬ネクタル（神酒）や不死の効力がある食べ物アンブロシアを出す役割を担っていました。そのため神々に若さを与える「青春の女神」とも呼ばれています。

　へべは、神々を若返らせたように、人に若さと活力をもたらすといわれています。みずみずしい生命やアイデアが必要なときに、へべは生命の源の光へと導いてくれるでしょう。

ペルセポネ

Persephone

冥界に嫁いだ死と再生を象徴する冥界の女神

●Message●

「あなたの本質はけして朽ち果てることはありません」

冬は全てを枯らすように見えますが、この時期の種は地中で生命力を蓄えています。おおいなる成長の前に来る休養の期間を大切にしてください。

【別名】ペルセポネー、ペルセフォネ	【象徴】ザクロ、すいせん
【所属】—	【色】ミントグリーン
【役割】目に見えない成長を助ける	【キーワード】ミント
【出典】ギリシャ神話	

女神神話とエネルギー

ペルセポネは至高神ゼウスと収穫の女神デメテルの娘で、後に冥界の女神となりました。ペルセポネは優しく美しく明るい性格の女神でしたが、冥界の王ハデスに見初められて冥界に連れ去られます。ゼウスは彼女を天界に戻そうとしますが、冥界の食べ物を口にしてしまったために一年のうち四カ月を冥界で、残りの期間を地上で過ごすことになります。デメテルは悲しみ、娘がいない期間は地上に実りをもたらすことをやめ、これが冬の起源となったといわれます。

このことから、ペルセポネは冬と春、生産と収穫、死と再生などのシンボル的な神格をもつことになりました。

モイライ

Moirae

過去、現在、未来の流れを支配する運命の女神たち

•Message•

「自分の決めた道から逃れ
ようとしないでください」

運命は他の存在が決めたのではな
く、あなた自身が決めてきた人生の青
写真です。そこから逃げず、それを生
きることで人生は豊かになるのです。

【別名】モイラ
【所属】—
【役割】寿命を割り当てる
【出典】ギリシャ神話

【象徴】運命の糸
【 色 】ブラック、ホワイト、グレー、
　　　　インディゴブルー
【キーワード】運命

女神神話とエネルギー

　モイライは「運命の三女神」と呼ばれる、三姉妹の女神です。運命の糸を
紡いで過去を司るクロト、運命の糸を測って現在を司るラケシス、運命の糸を
切って未来を司るアトロポスの三人の働きで、人々の寿命や運命が決められる
とされ、至高神ゼウスさえも彼女たちの力には逆らえないとされています。

　彼女たちは、「生命の誕生と経過と死」の全てに関わる女神で、人々はもち
ろん全ての存在の生死の運命を司っています。生命の誕生と死は、おおいなる
宇宙のエネルギー循環の一つ。それぞれが自分の役割を知り、果たすことで、
その流れを円滑にすることができるのです。

レア
Rhea

オリンポスの十二神を生んだ、神々の母なる女神

●Message●

「あなたは呼吸とともにいつ
でも聖なる蘇生を体験できま
す」

あなたは切り離された存在ではなく、
おおいなる地球生命の一部であるこ
とを忘れないでください。深呼吸をし
て、内なる生命の息吹を感じましょう。

【別名】レイア	【出典】ギリシャ神話
【所属】ティタン神族	【象徴】小塔冠、豊穣の角
【役割】山々の支配者、樹木と 野獣の守護者	【色】オレンジ
	【キーワード】鳩、松

女神神話とエネルギー

　レアは、天空神ウラノスと大地母神ガイアの娘で、ローマ神話では女神オプ
スと同一視されています。農耕神クロノスとの間に至高神ゼウスや海神ポセイ
ドン、婚姻の女神ヘラなどオリンポスの十二神を生みました。すると、クロノス
は、我が子に王位を奪われるという予言を恐れ、生まれてくる子を次々と飲み
込んでしまいました。レアは、最後に生まれたゼウスを逃がして助け、ゼウス
は後に神々の王の座を得ることになります。

　レアは大地の女神であり、山々や樹木、動物たちの守護者でもあります。母
ガイアとともに地球上の全ての生命を見守り、慈しみを与えてくれます。

チュタル・ホユックの女神像

～トルコ～

豊饒を願う女神像

　チュタル・ホユックは、トルコ南部のコンヤ平原にある、近東における新石器時代最大の遺跡です。緑に覆われ豊かな土地として、農業、工業、商業などがおこなわれ、紀元前7000年～5000年頃に栄えていました。

　そんなチュタル・ホユックでは、少女、母、老婦人の三つの側面を表す女神が広く崇められていました。チュタル・ホユックの女神像は、シンプルな素焼きでできた、高さ約11cmの小ぶりな物です。紀元前6000年頃に作られたとされるこの像は、ライオンを左右に従え岩のような玉座に座り、出産をしている姿といわれています。豊かな乳房としっかりと前を見る像からは、生命を生み出すパワーと自信が感じられます。ライオンは豊饒の守護シンボルとして見なされており、メソポタミアのイナンナ、エジプトのイシス、クレタの無名の女神なども、ライオンとともによく描かれています。この像も、穀物貯蔵庫の中から発見されたので、豊饒を願うためのものだったのかもしれません。

生と死を守護する女神

　チュタル・ホユックの人々にとって、生命の誕生と死は分かつことのできないものでした。遺跡にある多くの聖堂

には、極めて多くの出産の様子が壁画に描かれています。特に、女性たちが出産のために使用する特別な聖堂では、全ての壁と床が、生命を意味する赤い色で塗られていました。出産は命を生み出す聖なる儀式として、産婦への祈りが捧げられながらおこなわれたのでしょう。一方、葬儀をおこなう聖堂の壁には、巨大な禿鷹の姿をした女神が、頭部のない人間の上を、翼を広げて大きく舞っている場面が描かれています。禿鷹は腐肉を食べることから、死んでいるものへ生命をもたらす再生を意味しています。飛翔する禿鷹となった女神が、生死を超越した世界で、人間の再生を助ける力を発揮したことを示しているともいえます。

チュタル・ホユックの生死観と女性性

　チュタル・ホユックでは、長い間平和と繁栄が続きました。北アメリカの先住民の間では、女性は七代先まで見て物事を決定する賢さをもつといわれ、女性の意見が尊重されました。彼らと同様に、チュタル・ホユックの人々も、誕生と死を重んじ、命を生み出す聖なる女性性を大切にしたことが、争いをさけ調和した生活を送る要因になったのではないでしょうか。チュタル・ホユックの女神像は、そんな女性性の強さを表現しているようです。

チュタル・ホユックの女神像

北ヨーロッパの神話

勇猛なヴァイキングたちの北欧神話

　北欧神話は、ノルウェー、スウェーデン、デンマーク、アイスランドなど、スカンジナビアとバルト海沿岸に伝わる神話です。北欧神話は、ローマ帝国の侵攻を受ける以前に、勇猛なヴァイキングたちに信仰されていました。

　当時の北欧人たちは戦争に関心が強かったため、神話では戦いを司る男神の勢力が大きく描かれていますが、女神や聖婚（ヒエロガモス）のシンボルが残されており、女性は預言者として尊敬されたことから、女神も崇められていました。10世紀頃、キリスト教への改宗が盛んになった後は、古い神々への信仰は薄れていきましたが、神々の伝説は「スノッリのエッダ」「詩のエッダ」という本に編纂され、神話として今も語り継がれています。

北欧の創世神話と世界構造

　はるか昔、この世には計り知れない深淵があるだけでした。その深淵の南側には灼熱の世界、北側には極寒がありました。やがて南の熱風が北の霜と出会うところには爆発が起こり、最初の巨人ユミルと牝牛が誕生します。ユミルから霜の巨人と呼ばれる一族が生まれ、塩味のする石をなめた牝牛からはブー

リという男が生まれました。ブーリの息子のボルは、霜の巨人の娘との間にオーディン、ヴィリ、ヴェーという三人の息子をもうけます。彼らは後に、北欧神話の主人公となるアース神族の先祖となります。彼らはユミルを倒し、その遺体から世界を創りました。また、海辺で拾った流木を人型に削り、オーディンが息を吹き込み、ヴィリが知恵と運動能力を授け、ヴェーが目、耳、口を与え、アスクとエムブリという、原初の人間の男女も創りました。

　宇宙には天上、地上、地下の三つの平面があり、その聖なる世界を形作るための一本の大きな樹ユグドラシルが貫いています。天上には、アース神族、ヴァン神族、光の妖精の三つの世界、地上には人間、巨人族、小人族、黒い妖精の四つの世界、地下には氷（または死者たち）、炎の二つの世界があり、虹が神々の世界と人間の世界を繋いでいました。

ケルト神話の伝承法

　ケルト人は、紀元前6世紀頃にはヨーロッパ全土に分布します。彼らは語りや記憶力を重んじ、神話もドルイド僧の詩人によって口伝で伝承されました。ドルイド僧は王の助言者、預言者の神官で、魔術も使うといわれ、王権に匹敵する力をもっていました。その後ケルト人たちは、ローマ帝国の侵攻と紀元前5世紀のゲルマン民族の大移動により西方に追いやられ、アイルランドを中心に栄えます。そんな時代の流れもあり、口伝によって伝えられてきた伝説や神話も、7世紀頃には記述されるようになりました。

見えない存在と人間の交流

　ケルト神話には天地創造の伝説がなく、万物に霊が宿ると信じられていました。そのためケルト人は、山、川、泉、樹木などに精霊がおり、魂は不滅で永遠にめぐり動いていくと考えていました。そこでは、死は終わりでなく、もう一つの生の始まりを意味していました。ここでアイルランド王女エディーンのお話をしましょう。

　『国一番の美女エディーンは、妖精の王ミディールに見初められ新しい妻として迎えられます。ところが、ミディールの正妻から妬まれ、蝶に変えられてしまいました。そして嵐に吹き飛ばされ、隣国のエタア王の妻の杯に入り、酒とともに飲み込まれてしまったのです。蝶のエディーンは王妃の子宮に落ち、王女として生まれ変わりました。美しく育ったエディーンは、アイルランドの王エオホズと結婚しましたが、そこへミディールが現われ、エディーンと二羽の白鳥になり飛び去ります。エオホズはドルイド僧の助けを借り、妖精の世界にいた二人を見つけました。ミディールとエオホズはエディーンを我が妻にしようと計略を練りますが、エディーン自身が、人間の王エオホズを選び幸福に暮らしました』

　このように、目に見えない存在を信じていたケルトの人々は、妖精や神々と人間は互いに交流していると信じていたのです。

活躍する女神たち

　天地創造神話のないケルト神話では、神々は天上ではなく地下、もしくは西の方向からやって来たと考えていました。しかしケルト神話でも、女神は命や実りと豊かさを生み出す源として崇められ、母なる大地の守り神とされていました。

　マンスター地方の守り神は豊饒の女神アーニャで、特に南部を守護する女神エスニャは、穀物と家畜を守る月の女神として、今でも農夫たちに信仰されています。土地に関係のある女神たちは、地下に住み、後には妖精の丘に住むとされました。また、女神が丘や山を創った話も多く、平野を切り開いた女神ティルチテュは有名です。水を司るのも女神たちでした。泉には病を癒す力があり、幸運の女神たちが住んでいると考えられました。そのため、泉や川や湖の名前は女神に由来するものが多くあり、シャノン河は女神シャナンから、セヴァン河は女神サヴリナからきています。

　ケルトの女神たちは、よき伴侶、よき母の側面をもつ一方、男性から自立し行動的で個性的な側面ももっていたようです。

ダヌ
Danu

永遠の母と呼ばれ、魔法を使った火の女神

•Message•

「心を軽やかにして、あなたがもつ魔法の力を使えば、
夢が実現するでしょう」

あなたは夢を実現する魔法の力をもっています。背筋を伸ばし心を風
のように軽やかに遊ばせてください。自然の声に耳を傾け、想像力を
膨らませましょう。そして、状況が変容し夢が実現した様子をありあ
りとイメージしましょう。あなたの夢の実現を私が保証します。

神話の中の女神

ケルト神話の永遠の母で、妖精になった女神

　ケルト神話最古の女神ダヌは、生命の母なる女神で、「永遠の母」と呼ばれました。金髪碧眼の美しいダヌは、火と釜戸と生命と詩歌の女神で、「昼と光と生命の女神」とも呼ばれ、すぐれた魔法使いでもありました。

　ダヌは朝日とともに生まれ、そのとき家は炎で明るくなり天に昇る火柱が上がったといわれています。フォモール王ブレスの妻となり、芸術と文学を司る三人の男神を出産。ミレー族との戦いに敗れた後は妖精となり、妖精の国を創ったといわれています。

女神のエネルギー

風に舞い上がる炎のような、軽やかさと柔軟さ

　ダヌは、炎が風にゆられて舞い上がるときのような、とても軽やかで柔軟なエネルギーの持ち主です。炎は燃え上がり熱となり、目には見えなくなります。彼女は炎のように、見えない世界とこの世の目に見える世界を、常に自由に行き来しています。そして自然界の精霊とともに、この世界に美と平和をもたらしています。火のエネルギーは、全てを変容させる魔法の力の源です。彼女の魔法は、人々の意識を広げて夢の実現を可能にさせるスピリチュアルな錬金術。夢を叶えたいときには、彼女の助けを求めるとよいでしょう。

【別名】ダナ、ダーナ、アヌ、アナ
【所属】ダーナ神族
【役割】魔法を使って変容をおこす、スピリチュアルな錬金術
【出典】ケルト神話
【象徴】火
【　色　】レモンイエロー、ラベンダー、ディープブルー
【キーワード】豊饒、火、釜戸、詩歌、魔法、妖精

ブリジッド
Brigid

生活の様々な分野で人を助ける、春の女神

●Message●

「歓びをもって人を助けてください。あなたの愛と真心が世界に幸せをもたらします」

人を助けることはおおいなる歓びです。手助けが必要な人や物があれば、あなたのできることを行動に移してください。見返りはなくても、愛と真心から出た行為は必ず人とあなたを幸せにします。あなたがもたらした幸せの波動が、世界を変えていくのです。

神話の中の女神

アイルランドの人々に愛される春の女神

　ブリジッドは、ケルト神話に登場する炎と竈を司る太陽の女神です。豊饒と多産も司り、鍛治、工芸、学問、芸術、癒し、戦いの女神でもあります。ブリジッドは、全能の神ダグザの娘で、その名はアイルランド語で「高貴な者」を意味します。

　彼女は、古くからアイルランドの人々に愛されており、春の訪れを祝う2月1日の「インボルク」祭りは彼女の祝日で、そのため「春の女神」とも呼ばれます。また、ブリジッドを祀る聖職者は全て女性で、神殿で聖なる火を燃やし続けたといわれています。

女神のエネルギー

広い範囲で人を助ける愛と歓びのパワー

　ブリジッドは、人を助けることの歓びと愛で溢れています。人が困っているときには、何に困っているのかを見抜き、必要な手助けを適切なタイミングで迷わずにおこないます。それがどんなことであろうと、力強く、ときにはさりげなく援助の手を差し伸べてくれます。ブリジッドは、女性がもつ自主的な乙女、命を育む母、知恵の老女の三つの側面をもっている女神です。そのため、現実の生活の中で関わる全てのことを助ける、守備範囲の広い女神となりました。特に、癒しと医療、手工芸、農業には大きなサポートとなります。

【別名】ブリード、ブリギッド
【所属】ダーナ神族
【役割】豊饒と癒しと工芸を司る、人を助ける歓びを伝える
【出典】ケルト神話
【象徴】魔法のカップ
【　色　】ルビーピンク、ブライトグリーン、オレンジ
【キーワード】竈、炎、癒し、豊饒、春、女神官、鍛治、太陽

フレイヤ
Freyja

人生を楽しみと情熱に変容させる、愛と美の女神

•Message•

「人生という冒険を自由に楽しみましょう。あなたの可能性を縛るものは何もないのです」

人生は冒険です。人生の魔法は、自由な翼で空を飛ぶために、自分を縛るものを自ら外すことなのです。あなたが心から願う方向へ大胆に進み、自分自身を楽しんでください。あなたには無限の可能性が広がっています。さあ、今こそ飛び立つときです。

神話の中の女神

愛と美と豊饒を司る、ロマンスの女神

　北欧神話随一の美女フレイヤは、愛と美と豊饒の女神です。ヴァン親族の海神ニョルズの娘で、豊饒の神フレイの妹。黄金の首飾りと毛皮に身を包んだフレイヤは、情熱と官能を司り、自由奔放なロマンスの女神です。しかし、夫オドが行方不明になったときには、黄金の涙を流して夫を探しました。フレイヤは、神々に魔法を教えたり、青い二匹のネコが引く戦車に乗って天と地を結ぶ虹の橋を渡り、鷹の羽でできたマントをはおって空を飛びます。また、戦いと死の女神としても知られています。

女神のエネルギー

人生を情熱的に楽しむ大胆さと行動力

　フレイヤは、燃えるようなワインレッドのエネルギーを放っています。フレイヤにとって人生は、情熱的に楽しむ冒険です。彼女は既成概念の枠に入る女性ではありません。自分の心が求めるものを手に入れるには、リスクを恐れず大胆に行動しました。人からの評価や批判は気にせず、自分の気持ちに正直に生きたからこそ、魔法や霊感の力を発揮できたのです。ロマンスも、彼女にとっては女性であることを最大限に楽しむ一つの要素でした。何かにチャレンジしたり、霊感を高めたりしたいときにはフレイヤが強いサポーターです。

【別名】ヴァナディース、ヴァナブルズ、ゲフィン、ゲフィユン、フレヤ、フレア
【所属】ヴァン神族
【役割】人生を楽しみと情熱に変容させる力を与える
【出典】北欧神話
【象徴】ネコ
【　色　】ワインレッド
【キーワード】首飾り、美、魔法、ロマンス、情熱

アリアンロッド
Arianrhod

銀色に輝く時の車輪を回し続ける、月と豊饒の女神

●Message●

「死は物事の終わりではなく、新しいスタートでもあるのです」

全ての生命活動には固有のサイクルがあります。一つのサイクルの終わりは、次のサイクルの始まりでもあります。生命の輪は止まることはないのです。

【別名】アリアンロード	【出典】ケルト神話、アイルランド神話
【所属】—	【象徴】月、車輪
【役割】月の女神と冠座を守護、時を支配する	【 色 】シルバー
	【キーワード】豊饒、時、生と死

女神神話とエネルギー

アリアンロッドは、ケルト神話の女神ドーンの娘で豊饒と時の女神です。月の女神や冠座の守護神とされ、月と深い関わりがあり、魔法を紡ぐ女神として崇敬されていました。彼女はアーリア人の祖先とされ、時のシンボルである銀の車輪を回し続けているといわれます。

車輪は再生を象徴し、太陽を現していますが、この場合の銀の車輪は、月を示すという見方もあります。車輪は死者を月の世界へ運ぶ船にも例えられます。アリアンロッドは月の象徴である死と再生に関わりをもち、輝く銀の車輪を回しながら万物の生と死のサイクルや魔力を見守り、管理しているのです。

イゾルト
Iseult

愛の力強さと真実を伝える、愛と人間関係の女神

●Message●

「あなた自身にいつも注意深く接し、優しくあってください」

どのような状況下にあっても、あなたには途切れることなく愛が注がれています。真実の愛は強く永遠で、いかなる状況も変える力をもっています。

【別名】イゾルデ	【象徴】永遠の愛
【所属】—	【 色 】ピンク
【役割】人間関係、愛情関係の修復	【キーワード】愛と情熱、悲恋
【出典】ケルト神話、トリスタン物語	

女神神話とエネルギー

イゾルトはケルト神話に登場する、愛と情熱、人間関係を司る女神です。中世の物語「トリスタンとイゾルト」では、文武にすぐれた騎士トリスタンと、主君マルク王の妃となったイゾルトの悲しい恋の模様が描かれています。

物語の中での彼女は、三角関係に悩む悲恋のヒロインでしたが、本来のイゾルトは優しさと温かさ、そして慈悲深さを兼ね備えて全てを包み込む愛のエネルギーを放っています。その奥深い愛のエネルギーで、家族、恋愛、親子、友情など、あらゆる人間関係の不調和を修復し、真実の愛とその力強さを人々に伝え、全ての物事の調和をはかるのです。

イドゥン
Idunn

不老不死のリンゴを管理する、美と豊饒の女神

【別名】イズン　　　　　　　　　【象徴】リンゴ
【所属】―　　　　　　　　　　　【色】ブルー
【役割】生命の知恵を管理する　　【キーワード】知恵
【出典】北欧神話

女神神話とエネルギー

　イドゥンは詩人の神ブラギの妻で、若さと美と豊穣の女神です。不老不死の
力をもつリンゴの管理者とされ、神々はこのリンゴを食べることで永遠の若さ
を保っていました。あるとき敵対する巨人族にイドゥンがさらわれ、危うく神々
が年老いてしまう事件がありましたが、ロキによって救出されました。

　神話においてリンゴは様々な物を象徴しています。「旧約聖書」では知恵と
生命を象徴し、またギリシャ神話でも黄金のリンゴは不死の果物とされていま
す。リンゴの管理者イドゥンは、偉大なる生命の知恵を管理し、人々に生きる
意味と知恵を与えているのです。

ヴァルキリー
Valkyrie

天上の宮殿に、勇敢なる戦死者を運ぶ女戦士たち

●Message●

「窮地とは、あなたに信頼の
チャンスを与える天からの
贈り物です」

真意をもって何かに挑むときは、最
後の瞬間まで諦めないでください。あ
なたが真実を行動するとき、必ず愛
と光の勝利の微笑がもたらされます。

【別名】ワルキューレ	【象徴】天馬、白鳥
【所属】—	【 色 】カーキ
【役割】戦死者を選ぶ	【キーワード】幸運
【出典】ゲルマン神話、北欧神話	

女神神話とエネルギー

　ヴァルキリーは、天上のヴァルハラの宮殿に住む戦いの女神です。総勢九人
のヴァルキリーが存在し、主神オーディンの命を受けて天馬に乗って戦場へと
向かい、戦死した勇士たちを天上の宮殿ヴァルハラへと連れている役割を担っ
ています。戦いで倒れる運命の戦士を選ぶ者とされ、後世ではワーグナーの歌
劇により、英雄の前に現れる幻想的な恋人のイメージが加えられました。

　ヴァルキリーは、ペガサスにまたがって現れ、死者を導き戦運を操ります。
ペガサスはまた運気の上昇を象徴する馬です。窮地に立つとき、彼女の名を呼
ぶことで助けを得られるでしょう。

ヴェルダンディ
Verdandi

存在、資本、現在を司る運命の女神

●Message●

「あなたは過去でも未来で
もなく、いまこの瞬間に生き
ています」

本当の自分自身を生きたいと思うな
ら、いまこの瞬間に集中し生きてくだ
さい。過去や未来の心配をしすぎる
ことは、本来の力を分散し弱めます。

【別名】ヴェルザンディ	【象徴】現在
【所属】ノルン	【色】ブルー
【役割】現在を司る	【キーワード】ルーン文字、運命
【出典】北欧神話	

女神神話とエネルギー

　ヴェルダンディは、北欧神話の運命の女神であるノルンの一人で、存在、
資本、現在を司っています。人は産まれるとノルンの元へ運命を授かりに行く
とされ、また人間だけでなく神々の運命をも司る大きな力をもつ存在でした。
ヴェルダンディは過去を司る姉神ウルドとともに、木片にルーン文字を刻んで
その運命を決定するといわれています。

　ヴェルダンディの名前には、「生成する者」「現在」の意味が含まれています。
彼女は、人々に存在の意義と役割をもたらし、いまを生きることの大切さを伝
え続けているのです。

ウルド
Urd

過去、運命、資産を司る運命の女神

【別名】ウルズ	【象徴】過去
【所属】ノルン	【色】パープル、ピンク
【役割】過去と宿命を司る	【キーワード】泉、浄化
【出典】北欧神話	

女神神話とエネルギー

　ウルドは、北欧神話の運命の女神であるノルンの三女神の一人で、過去、運命、資産を司っています。その名は「編む者」「織姫」を意味していて、後に「運命」「宿命」「死」を意味するようになったとされています。「古エッダ」や古代北欧の叙事史「サガ」では、女性の姿をした神格として表されますが、元々は抽象的な「運命、成ること」を意味する概念だったようです。

　北欧神話に登場する「ウルズの泉」はウルドの名前を冠した物で、泉水は強い浄化作用をもつとされています。ウルドは、過去を編み宿命を与えるとともに、過去のカルマの浄化も担っています。

エイル
Eir

治癒やヒーリングを司る、医療の女神

•Message•

「**あなたはすでに神から癒しの力を授かっています**」

自然やより大きな源と繋がるとき、あなたの中で癒しのプロセスが始まります。その流れを受け入れることであなたは奇跡を起こすことができます。

【別名】—
【所属】アース神族
【役割】全ての治療を守護
【出典】北欧神話

【象徴】薬草
【 色 】グリーン
【キーワード】癒し、治療、慈悲

女神神話とエネルギー

エイルは北欧神話に登場するアース神族の医療の女神です。霧の巨人、ヨツン族のメングラッドの八人の侍女の一人で、救いを求める病人や貧しい人たちの治療をおこなったとされています。彼女はあらゆる治療に精通していましたが、特に薬草に詳しく、薬草を集める女神としても崇められています。

エイルは肉体的な治療だけでなく、精神、感情、霊的な治療もおこなっていて、死者を復活させることもできたといわれています。その名には「援助」や「慈悲」といった意味を含み、深い慈しみと卓抜したヒーリング力で、助けを求める全ての人々に癒しを与えます。

エポナ
Epona

豊饒を司り来世の守護をする、馬上の女神

●Message●

「前に進むために、古い物を
手放す勇気をもってください」

冬の大地は枯れたように見えます
が、地中では新たな生命が息づいて
います。古い物を手放し終わらせる
と、新しい春を迎えることができるの
です。

【別名】—	【出典】ケルト神話、ローマ神話
【所属】豊饒を司る、来世を守護、 大地に恵みをもたらす	【象徴】馬
	【色】スカイブルー
【役割】馬・ロバ・ラバを守護	【キーワード】旅

女神神話とエネルギー

　エポナは、ケルト神話、ローマ神話における、馬、ロバ、ラバなどを守護する
女神です。しばしば馬に横乗りをした姿や馬の間で玉座に座った女性の姿で
描かれ、ときには食べ物と豊かさを象徴するコルヌコピアとともに表されるた
め、豊かさや多産といった豊饒の女神の性質を併せもつといわれています。

　エポナは馬や騎手、馬丁だけでなく、旅人や死後の世界の旅の守護者とし
て広く崇められ、死後の世界や再生、人々の来世も守護するなど幅広い分野を
担っています。全ての終焉の後に再生を促す力を駆使し、大きな恵みを私たち
にもたらしてくれるのです。

ゲルド
Gerd

豊饒の神に見初められて、女神になった美しき巨人

●Message●

「豊かさを受け取ることに、
もっと前向きになりましょう」

部屋に明るい色を取り入れ、自然光が入るようにカーテンを開けましょう。光や風をあなたの中に呼び込み、新しい計画を展開してみてください。

【別名】ゲルズ　　　　　　　　　　【象徴】苗
【所属】巨人族　　　　　　　　　　【色】オレンジ、イエロー
【役割】愛と慈しみで恵みをもたらす　【キーワード】種まき、農作
【出典】北欧神話

女神神話とエネルギー

　ゲルドは巨人族の出身で、農作を司り「あらゆる女の中で最も美しき女」と称される美しい女神です。彼女の美しさは格別で、彼女の腕の輝きによって空と海が明るくなったという逸話も残るほど。あるとき、豊饒の神フレイはギュミルの館にいたゲルドを見つけ彼女に一目惚れ。食事も飲物も喉を通らずに病気になってしまい、見かねた両親の指示で派遣された従者スキールニルの魔法により、フレイとゲルドは結婚することとなりました。

　ゲルドはフレイと結婚することで、農作に携わる女神となりました。枯れた大地や心に愛と慈しみのエネルギーを与え、豊かな恵みをもたらすのです。

シフ
Sif

美しい黄金の髪をなびかす、実りと再生の女神

●Message●

**「いま目に見える状況だけ
で判断をしないようにしま
しょう」**

いまの状況があなたにとって心地よ
くないものでも、そこには必ず愛の学
びがあります。他人や状況を批判せ
ず、状況に愛と光を見出してください。

【別名】シヴ	【象徴】金髪
【所属】アース神族	【色】ゴールド
【役割】大地の豊饒を司る	【キーワード】麦穂、再生
【出典】北欧神話	

女神神話とエネルギー

シフは雷神トールの妻で、輝く黄金の髪の毛をもった女神です。あるとき、
彼女は悪神ロキのいたずらにより、自慢の髪を刈り取られてしまいましたが、
ロキはトールの逆鱗に触れ、小人の細工師に魔法の金糸を紡がせて、かつらを
作って返しました。こうしてシフは、再び美しい金髪を取り戻すことができま
した。

黄金の髪は、麦穂の象徴でもあります。秋に黄金の麦穂を刈り取った田畑は
冬の間枯れてしまいますが、やがて春が来ると田畑には再び緑が戻り、そして
再び収穫の時期を迎えます。このことから、彼女は再生と実りのサイクルを象
徴。それらの流れを司っています。

スカジ
Skadi

神々の美しい花嫁という異名をもつ、冬と山の女神

●Message●

「外側や表面で全てを判断することは、もうやめましょう」

冬の大地の表面は冷たいですが、地中は常に温かいエネルギーで満ちています。あなたの魂の奥にも、同じく永遠の創造の炎が宿っているのです。

【別名】スカディ	【象徴】雪山、弓矢
【所属】巨人族	【 色 】ホワイト
【役割】冬を司る	【キーワード】冬、狩猟、スキー
【出典】北欧神話	

女神神話とエネルギー

スカジは霧の巨人族シアチを父にもつ、冬の女神です。あるとき、シアチはアース神族から不老不死のリンゴを奪おうとして殺されてしまいます。スカジは父の仇を果たすため、神々の住むアースガルズに乗り込みますが、和解をもちかけられ、神ニョルズと結婚します。しかし、スカジが山の神であるのに対し、ニョルズは夏と海の神。生活環境の違いで結局は離婚してしまいます。後に彼女は冬の神ウルの妻となり、冬の女神となりました。

彼女はときに遭難客を救ったり、死を飲み込み、生命を生み出す大地のような役割を果たしながら、厳しい冬を見守っています。

スクルド

Skuld

生死に関わりをもつ、未来を司る運命の女神

●Message●

「がんじがらめになっている
執着や古い習慣を解き放ち
ましょう」

あなたは思うままに好きな未来を築
くことができます。がんじがらめに
なった運命の輪を断ち切りたいとき
は、静かな環境で私を呼んでください。

【別名】—
【所属】ノルン
【役割】未来を司る、必然性を司る
【出典】北欧神話

【象徴】未来
【色】ゴールド、インディゴパープル
【キーワード】楯、税、債務、義務

女神神話とエネルギー

　スクルドは北欧神話の運命の三女神と呼ばれるノルンの三女で、未来を司る
女神です。戦女神ヴァルキリーの一人でもあるとされていて、その筆頭となっ
て楯を携えながら戦場に現れては戦いの決着に関与し、英雄（戦死者）を選ぶ
ために天を翔るといわれます。

　スクルドの役割は、未来、必要、死と滅びなどに関連しています。人間の運
命を定め、またあるときは、死と滅びに関わり死者を選び天に運びます。より
創造的で発展的な未来を築くには、ときには古い流れを終わらせなければなり
ません。そうした不用な生命の糸を断ち切るのもまた、彼女の仕事です。

フリッグ
Frigg

最高神と同等の知恵と洞察力をもつ、女神たちの最高峰

●Message●

「あなた自身が引いている
境界線をもう一度見直して
ください」

あなたの内なる知恵を使って、いま置
かれている状況をよく見つめましょ
う。そして、全ての状況に愛と光が注
がれていることに気づいてください。

【別名】フリーン、フリッガ、フリー　　【象徴】鷹
【所属】―　　　　　　　　　　　　　　【 色 】ゴールド
【役割】女神の長、愛と結婚を司る　　　【キーワード】金曜日
【出典】北欧神話

女神神話とエネルギー

　フリッグは、北欧神話の最高神オーディンの妻であり、愛と結婚の女神で
す。光の神バルドルの母として女神の中では最高位を占め、未来を予知する力
をもち、神々と人間の運命を熟知しているといわれます。夫オーディンと同等
の知恵と洞察力をもつとされ、彼女の打ち出す策略はしばしばオーディンをし
のぐこともあったようです。

　フリッグは、ローマの愛と美の女神ウェヌスと同一視され、英語で金曜日を意
味する「Friday」の語源とされています。彼女はまた、結婚の保護と受胎性を授
ける女神としても大変崇められていて、家庭や出産を守護してくれています。

モリガン
Merrigan

戦いの成り行きを制する戦争の女神

●**Message**●

「眠りから目ざめ、あなたの
マジカルな能力を思い出し
てください」

あなたの人生をもう一度自由に創り
出してください。あなたは天や自然と
密接な関わりをもち、そこからさらな
る才能を受け取ることができます。

【別名】モリーグー、モリゲーン、　　【出典】ケルト神話
　　　　モリーアン　　　　　　　　　【象徴】カンムリ鳥、マント
【所属】—　　　　　　　　　　　　　【　色　】ダークブルー、レッド
【役割】戦いの成り行きを制す　　　　【キーワード】戦争、魔術

女神神話とエネルギー

　モリガンは、破壊と死に携わる戦いの女神です。彼女は、血と死を求めてカ
ンムリ鳥の姿で戦場を飛び回り、気に入った戦士に力を与えるといわれます。
ケルト神話の英雄クーフーリンに思いを寄せますが、相手にされなかったこと
に腹を立て、彼の戦いの邪魔をしました。しかしその後、クーフーリンに命を
助けられて、彼のサポート役となりました。

　モリガンは、アーサー王伝説の中の魔女モルガン・ル・フェイと同一視され
ています。鳥の他にも老婆や乙女、牛、オオカミ、海蛇など様々な姿に変化し、
魔術を駆使しながらあらゆる物事の成り行きを調整します。

アフリカ大陸の神話

エジプトはナイルのたまもの

　古代エジプト人は、生み出されては破壊される自然のサイクルを目の当たりにしていました。そのためエジプト神話は、この永遠のサイクルの考えに基づいています。

　エジプト人にとって、ナイル川は命のサイクルの象徴でした。1月から6月の乾季に、ナイル川の水は蒸発し、川幅は半分近くになります。6月中旬には植物は枯れ、動物は痩せて喉を渇かし、自然の生命力は最低状態にまで低下します。ところが、7月になるとエチオピア高原に降るモンスーンの影響で水量が増し、洪水と氾濫が起こります。シリウスが太陽とともに昇る7月20日は、エジプトに豊かな生命の季節がめぐってきたことを示します。やがて洪水が引いていくと、水で覆われていた川底に泥の丘が現れ、生命に溢れた季節が戻ってきます。肥沃な土地は植物と動物を育み、11月の種まきを待つのです。そして、作物が育ち、収穫されたあとの乾燥した大地は、また洪水に流され跡形もなくなり再生のときを待つのです。

　毎年繰り返されるこのナイルの奇跡は、エジプトに恵みをもたらします。エジプト人たちは、こうしたナイル川や天空の太陽の動き、月の満ち欠けなどから、自然界の生と死の循環と永遠を感じ、数々の神話を創造しました。

エジプト神話の世界創造

　絶えることのないナイル川の水の影響を受け、水が生命の
源であるとする考え方はナイル川の沿岸地域では共通してい
ます。しかし、個々の神話は、地域や時代によってかなり違っ
ていました。ヘリオポリス、メンフィス、テーベ、エドフといっ
た様々な都市で異なる宇宙の始まりや女神や男神についての
伝説がありました。中でも、ヘリオポリスとメンフィスは、宗
教上の二大中心勢力でした。

　「太陽の都」と呼ばれたヘリオポリスの世界創造のお話。
原初の水、ヌンから出現した女神または両性具有とされる神ア
トゥムは、空気の神シューと水蒸気の女神テフヌトを生みまし
た。次にこの二人の神から、天空の女神ヌトと大地の神ゲブが
生まれました。天と大地の神であるヌトとゲブは、あまりに愛
し合い接近していたので、空気も水蒸気も天と地の間をめぐる
ことができず、シューはヌトをゲブから引き離しました。する
と、ヌトの手と足だけは大地についているものの体は弓形の天
空となり、シューはヌトが星たちを出産できるようにその体を
支えました。そして、ヌトとゲブから、エジプト最高の女神イ
シスと豊饒と死と再生の神オシリス、不毛の女神ネフティス、
嵐と風の神セトが生まれ、オシリスが初代のエジプトの王とな
りエジプト神話の数々の伝説が続いていきます。アトゥムは後
に、テーベ派の影響を受けアメン・ラーと呼ばれるようになり
ます。一方、メンフィスで信じられた世界創造は、神プタハが
世界を考え、それを想像してから言葉に出すと、世界が現実の
ものとなったというものです。

エジプト最高の女神、イシスへの崇拝

　エジプト神話には、数多くの女神たちのお話があります。中でもイシスは、最高の女神として崇められていました。イシスは、「大地と天界の女王」「歓びと豊かさの女神」「生命の貴婦人」「再生のグレートマザー」「万物の母」「癒しの女神」「魔術の女神」など様々に呼ばれ、「千の名前をもつ女神」といわれています。それは、彼女が数々の苦難に遭いながらも、愛をもって苦難を超越して生きたことを表しています。

　イシスの生きざまと神秘的な力は、人々の心に深く刻み込まれていきました。母性と幼子の守護神、豊饒と愛の女神イシスに対する信仰は、エジプトのみならず地中海沿岸に広がり、ギリシャ、ローマにおいても信仰され、数々のイシス神殿が造られました。また、授乳するイシスの姿は、幼子イエスを抱く聖母マリアの原型となったといわれています。

その他のアフリカ神話

　人類発祥の地アフリカ大陸には、エジプト神話以外にも様々な部族の神話があります。ほとんどのアフリカの部族は、万物の創造神を信じ、自然に宿る精霊たちが存在すると考えていました。とりわけ大地母神は重要で、母性は命の神秘と力を示すものでした。絵画や彫像で率直に表現される女性の体の全ては、命の歓びそのものです。

　ガーナのアカン族は、月の女神ニャメから宇宙が生まれ、ズールー族は、母なる女神マから精霊が生まれ、太陽、星、大地が創造されたと伝えています。フォン族では、宇宙の偉大

なる母、ナナ・ブルクがマウとリサと呼ばれる最初の神々を
創り、月の女神のマウと太陽の男神リサによって宇宙や全て
の神々が創られたといわれています。また、マリのドゴン族で
は、至高神アンマが、全ての生命の根源であるとされていま
す。至高神アンマは、無限に小さなものを創り出しました。そ
の小さい原子のようなものは火、地、水、樹のエネルギーを含
み、内部の渦巻き状の運動によって成長し、やがて巨大な母胎
を創りました。それは「世界の卵」といわれ、二つの胎盤と二
組の双子を生み、人間の原型になったといわれています。
　このように、アフリカ大陸では、部族の数だけ神話が存在し
ますが、万物を生み出す元である創造神の多くが女神とされ
ており、女性＝女神の重要性が伺えます。

イシス
Isis

魂の扉を開く、宇宙の母なる女神

•Message•

「あなたの本質は永遠の魂です。魂の神秘の扉を開い
て、本来の人生を始めましょう」

あなたの本質は永遠の魂です。そのことに気づき、魂の神秘の扉を開
くことが、本来の人生の始まりです。人生で起こる全ての出来事は、
魂を成長させる糧。魂の成長には、心を開いてその糧を体験すること
が不可欠なのです。そうすれば全てが感謝に変容します。

神話の中の女神

聖なる魔法の力をもつ、豊饒と母性の女神

エジプト最高の女神イシスは、ゲブとヌトの間に生まれ、農耕の神オシリスの妻にして妹、天空の神ホルスの母です。豊饒と母性を象徴し、「宇宙の母なる女神」とも呼ばれました。

偉大なる女魔法使いで死者の守護者でもあったイシスは、弟セトに殺されたオシリスを魔法の力で甦らせ、ホルスを身籠りました。更に、太陽神ラーから秘密の名前を聞き出し太陽神の力も手に入れたイシスは、成長したホルスがセトと対決をし、王座に就くのを助けました。イシスの名は「玉座」を意味します。

女神のエネルギー

全ての魂を震わせ、心の扉を開く聖なる力

イシスの放つバイブレーションは、全ての魂を震わせ、心の扉を開く聖なる力をもっています。彼女は魂の真理を知っていました。魂は、見える肉体の世界、死、見えない死後の世界の体験を通して、どれだけ学んだか、どれだけ愛したかによって成長するのです。それぞれの魂が成長するために必要な環境を整えることこそ、彼女の魔法であり癒しの御業でした。そのためには、どんな苦労もいとわないことが彼女の愛の証です。スピリチュアルな真理を求めたい、洞察力を高めたいときには、魂の守護者である彼女に祈りましょう。

【別名】アセト、イシス・ミリオニモス、生命の女主人、千の名をもつ女神
【所属】エジプト九柱神
【役割】母性と子供を守る、滋養と癒しを与える、死者の魂を導く
【出典】エジプト神話
【象徴】魔法
【色】シャインインディゴパープル、ゴールド
【キーワード】聖なる魔法、自尊心、鳶、癒し、母性、豊饒、玉座、シリウス

キルンギキビ

Kirungikibi

父神より強大な王権を継いだ、世界と宇宙の統治者

•Message•

「ハートで感じ、与え、受け取るという、愛のバランスを
学びましょう」

愛や豊かさの実現は呼吸の仕組みと似ています。受け取るばかり、与
えるばかりでは苦しくなってしまいます。あなたのハートには、常に天
からの愛の光が注がれているのです。目を閉じてそれをハートで感じ
ましょう。そして、愛を他の人と分かち合いましょう。

神話の中の女神

世界と宇宙を統治するが、女がゆえに王位を失う

キルンギキビは、タンザニア北西部に存在したキジバ民族の神話に登場する原初世界の主神の娘で、強大な王権を継いだ特異な運命をもつ女神です。主神カシャレカンヤンゴムリミアンコンド王は、自分と同等の権力をもつ宇宙の王、ワマラ王がその死後も精霊として統治を続けることを不服とし、娘であるキルンギキビを男として育てたといわれます。

そしてワマラ王と父の亡き後、彼女は世界と宇宙を統治する王となりましたが、後に女性であることがばれてしまい、王位を失います。

女神のエネルギー

真実の豊かさとは何かを教えてくれる、バランスの女神

キルンギキビは、女性に生まれながら王位継承のために男性として育てられた数奇な運命をもつ女神でもありました。一度は宇宙を統治する程、強大な権力をもつことになりますが、思春期になると女性としての感情を隠しきれずに、その地位を失う代わりに再び女神として返り咲きます。

この物語から、彼女は男性性と女性性の統合のサポートに関わる役割をもつ女神だということがわかります。彼女はまた、真の豊かさとは何かということや、受け取ることと与えることのバランスの取り方を教えてくれます。

【別名】―
【所属】―
【役割】男性性と女性性の統合をサポート
【出典】アフリカ神話
【象徴】王位
【 色 】グリーン
【キーワード】バランス

セクメト

Sekhmet

争いを深遠な知恵で解決する、闘争の女神

●Message●

**「あなたの内なる強さは、あなたの女性としての魅力を
高めてくれます」**

強さは女性の魅力の一つです。あなたの内なる強さを表現することを
恐れないでください。相手への配慮を忘れず、ハートと仙骨のチャク
ラを通して言葉に出せば、どんな感情でも相手の心に響くでしょう。
あなたの強さは、あなたの魅力を高めてくれます。

神話の中の女神

炎のような息で相手を打ちのめす

闘争の女神セクメトは創造神プタハの妻です。「強大なる者」を意味する名のとおりに、恐れられていました。怒り狂った雌ライオンが火のような息を吐くように、セクメトは相手を焼きつくしてしまう炎のような息をもっています。その息の力で、敵を焼き殺すこともできれば、病を治癒することもでき、そのため、王の守護者となりました。

ラーが年老いると、人間たちはラーに逆らう計画を立てました。そこで彼女は、怒り狂ったラーの目となって、反抗した人間たちを徹底的に追撃したそうです。

女神のエネルギー

炎のような怒りのエネルギーを建設的に用いる

セクメトは、比類ない怒りのエネルギーの持ち主です。怒りの引き金が引かれると、炎のように燃え上がります。怒りはネガティブなものではなく、強いパワーをもつ感情の一つにすぎません。怒りの背後には、正義感と悲しみが隠されています。大切なことは、相手を攻撃せずに自分の怒りを伝え、怒りのパワーを建設的に使い、背後にある悲しみを受容することです。セクメトの強さは、怒りのパワーを恐れずに表現することです。そんなセクメトは、勇気や内なる強さが欲しいときの助けとなってくれます。

【別名】セヘメト、セフメト
【所属】—
【役割】王を守護する、病を快癒させる
【出典】エジプト神話
【象徴】ライオン
【　色　】レッド、イエロー
【キーワード】戦い

ヌト
Nut

再生と復活を守護する、天空の女神

●Message●

「自信をもって自分を信頼しましょう。イニシアチブをもっているのはあなたです」

自信をもってください。あなたには無限の可能性があります。宇宙の視点から物事を見ると、日常の問題も、移り変わる変化の一つにすぎません。どんな状況でも、イニシアチブをもっているのはあなたです。自信をもって、自分を信頼してください。

神話の中の女神

夕日を飲み込み太陽を再生する

　天空の女神ヌトはエジプト九柱神の一人で、エジプト神話の天地創造に登場します。神話の中で、大地にかぶさる弓形をしたヌトの体には星々がちりばめられ、「天体の動きを支配する貴婦人」といわれています。また、ヌトは毎日太陽を再生したため、「太陽の母」と呼ばれています。

　ヌトの口から飲み込まれた夕日は、夜空という彼女の体内を旅し、腿の間から再び生まれ朝日となります。繰り返される太陽の誕生は、死は再生をもたらすという宇宙の創造や、生と死のプロセスを示します。

女神のエネルギー

無限の可能性をもつ聖なる虚空

　ヌトのエネルギーは、限りない深さと広がりをもった「聖なる虚空」そのものです。それは、何もないのではなく、可能性の大海を意味します。なぜなら、宇宙の全ての星々は彼女から生み出され、彼女の懐でたわむれ、彼女の胎内に戻り、新たな生を受けるからです。彼女は宇宙の子宮です。地球がそうであるように、宇宙もまた母性原理によって成り立っているのです。ヌトは、自信を失ったとき、新しいことにチャレンジしたいときに、創造活動で力になってくれます。また彼女のイメージは、瞑想を深めるときに役立つでしょう。

【別名】ヌート
【所属】エジプト九柱神
【役割】天体と太陽の動きを司る、死は再生をもたらすことを教える
【出典】エジプト神話
【象徴】水差し
【　色　】ミッドナイトブルー、イエロー
【キーワード】太陽、星、天空

ネイト
Neith

愛する人々を物心とともに守る、戦争と狩猟の女神

•Message•

「あなたは完全に守られています。安心して使命を果たしてください」

あなたは安全で守られています。あなたに必要な物は何であれ、全て与えられます。私を信じて、安心してあなたの使命を果たすことだけに集中してください。あなたの信頼が、あなたの力を100%引き出し、素晴らしい結果をもたらすでしょう。

神話の中の女神

多才な創造力に恵まれ王を守護する

　戦争と狩猟の女神ネイトは、武器を製造し、王の障害を取り除くことから「道を開く者」と呼ばれ、王の守護者と崇められました。その名は「水」を意味し、原初の創造の神でもあります。後年、彼女の創造力の象徴は、水から織物に変わり、織物と工芸品の女神となり、結婚と女性を守護しました。また、戦士の遺体を覆う布や包帯を織ることから、死者の守護者にもなりました。

　多才なネイトは、すぐれた癒し手、魔法使いでもあり、守護地サイスの神殿は、医術学校の役割も備えました。

女神のエネルギー

物質的、精神的に守護し力を発揮させる

　彼女は、人々の守護者です。全ての人は聖なる使命を担っています。しかし、不安や緊張、障害にさらされれば、わずかの力を発揮することも困難になります。物質的に安全で、精神的にも守られていると感じることができれば、実力を発揮し、聖なる使命を遂行できるでしょう。彼女は豊かな創造力を使って、物質的にも精神的にも愛する人々を守ります。目的に向かって集中したい、行く手を阻まれているように感じる、不安と緊張で実力が発揮できないといったときには、ネイトに助けを求めましょう。必ず守護してくれるでしょう。

【別名】ネト
【所属】―
【役割】王の守護、織物職人の守護者、結婚と女性の守護、死者の守護
【出典】エジプト神話
【象徴】盾
【　色　】レッド
【キーワード】戦争、狩猟、水、機織り、魔法、癒し

バステト

Bastet

雌猫の頭をもつ、慈愛に満ちた愛すべき女神

●Message●

「あなたに必要な二つの異なる世界のバランスを取って、しなやかに生きましょう」

バランスを取りましょう。自立と甘え、仕事と遊び、理性と快楽、一人の時間と社交、男性性と女性性、あなたにとって両方とも必要であることを受け入れていますか? どちらかに偏るのではなく、両方のバランスが取れたとき、充実して豊かな人生を送れるのです。

神話の中の女神

女性らしさの化身で、エジプトの月の女神

　月の女神バステトは、太陽神ラーの娘で創造神プタハの妻です。人間の体に雌猫の頭をもち、左手に籠を下げています。バステトの前身は、太陽神ラーの怒りを象徴するセクメトだったといわれています。

　セクメトと対照的に、太陽神の温かさを表すバステトは、病気や邪悪な霊から身を守る慈愛に満ちた女神で、女性らしさの化身とされています。猫が多産で害獣を駆除することから、多産と妊婦、家の守り神にもなりました。また、音楽とダンスと恋の快楽も与えています。

女神のエネルギー

優しさと思いやりに溢れ、人を温かく楽しい気分にさせる

　バステトは、人生をしなやかに生きる女性の代表です。彼女は、優しさと思いやりに溢れ、人を温かな気持ちにさせます。マイペースで自立して行動しますが、周囲への配慮を忘れず、危機には敏感に反応。家族や友人たちの安全を守り、援助の手を差し伸べます。ユーモアのセンスもあり、何事にも楽観的なバステトは愛すべき存在です。また、人生を楽しむことも好きで、快楽に身をゆだねることもありますが、自分を見失うことはありません。気分を楽しくしたい、遊びも仕事も上手に楽しみたいときの、頼みの綱になります。

【別名】バスト、ウバスティ、バセット
【所属】—
【役割】豊饒と多産を司る、邪悪なものから守る
【出典】エジプト神話
【象徴】雌猫
【　色　】アンバー
【キーワード】月、豊饒、性愛、音楽、ダンス、自由

ハトホル

Hathor

愛と美と快楽を司り、全ての魂に栄養を与える女神

•Message•

「素直に愛を受け入れましょう。受け入れることで、もっと多くを与えることができます」

愛を惜しみなく与えることは、愛を素直に受け入れることと同じです。愛は常にあなたに与えられています。あなたは無条件に両腕を広げ、ただ受け入れるだけでいいのです。素直に受け入れることができると、もっと人々に与えることができるようになるのです。

愛と美と快楽を司る母性愛の女神

　天空の女神ハトホルは、ラーの娘でホルスの妻。その名は「ホルスの家」を意味します。人々やファラオを母乳でやしなうため、牝牛の姿で描かれます。

　ハトホルは、母親と子供を守る母性愛の女神だけでなく、死者の国に行く者にイチジクとミルクを与えて、元気づける役割ももっていました。ラーに愛され慈愛に満ちた彼女も、一方では、神に反抗する者に対し、ラーの目という眼力で恐れさせもしました。ハトホルは愛と美と快楽を象徴し、女性の化粧の守護神で、歌、音楽、ダンスの女神でもあります。

女神のエネルギー

魂の栄養となる聖なる力に満ち溢れる

　ハトホルは、生者、死者、身分の上下を問わずミルクを与えて養育しました。これは、全ての魂を慈しみ、魂の栄養となる聖なるエネルギーを惜しみなく与える、スピリチュアルな母性を意味します。彼女は与えるだけでなく、受け入れることの必要性も教えてくれます。歌、音楽、ダンス、化粧で自分自身を楽しませること、愛されることや性愛の悦びは、聖なるエネルギーを高めてくれるのです。ハトホルは母親としての役割を全般的にサポートし、誰かをケアするときの助けにもなってくれます。

【別名】ヘタラ、ヘトヘル、イチジクの女主人、トルコ石の貴婦人、西方の女王
【所属】—
【役割】母親と子供の守護、死者の守護
【出典】エジプト神話
【象徴】イチジク
【　色　】クリーム、オレンジ
【キーワード】母性愛、ミルク、化粧、快楽、歌、ダンス、音楽

マアト
Maat

宇宙の心理に従って、公平さと秩序をもたらす女神

●**Message**●

「愛と調和は宇宙の真理です。あなたの公平な判断は、
　全てを調和に導くでしょう」

公平さは世界に調和をもたらすカギです。問題があるときには、あな
たの思い込みと執着心を捨て去り、離れたところから物事の全体を
見てみましょう。落ち着いた心で判断し友好的な結果をイメージすれ
ば、全ては調和とともに解決するでしょう。

神話の中の女神

ダチョウの羽を付けた真実、調和、秩序を司る女神

　頭にダチョウの羽を付けるマアトは、太陽神ラーの娘で月の神トトの妻です。その名は「真実」「正義」「秩序」を意味します。万物の均衡、調和、秩序を保ち、真理に従って宇宙を治める存在です。地上では人々が公平に暮らせるように、天空では天体の運行や季節を管理しました。冥界では、死者の審判のときに死者の心臓とマアトの羽を天秤に乗せ、生前の罪の意識を量りました。天秤が均衡を保てば、死者は神々の国で幸福に暮らし、罪の重みで心臓に傾くと、心臓は怪物に食べられました。

女神のエネルギー

感情に惑わされず、公平に物事を見る洞察力

　マアトは、自分の感情に惑わされず、公平に物事を見て何が全体にとって最善であるかを洞察しています。全てが愛に満ち、調和している世界が宇宙の本当の姿です。調和のある世界を創るために必要なものは、公平さと秩序です。互いの立場を理解し、全体を見た上でバランスのとれた判断をする、その結果を信頼し合い約束を守ることが公平さと秩序をもたらします。人間関係で不当な扱いを受けたとき、争い事や訴訟、交渉事やグループプロジェクトをおこなうときに、マアトに助けを求めると大きな力を発揮してくれます。

【別名】マート
【所属】—
【役割】万物の均衡、調和、秩序を保つ
【出典】エジプト神話
【象徴】天秤
【　色　】シルバー、イエロー
【キーワード】羽、真理、正義、秩序

マウ
Mawu

自然との調和を愛する、月と創世の女神

●Message●

「全ての命の繋がりを感じてみてください。自然との共生、調和はそこから始まります」

かけがえのない自然を大切にしてください。この地球に生きているのは人間だけではありません。全ての動植物も、等しくかけがえのない命です。ともに支え合って生かされていることを感じてください。真の調和は、全ての命の繋がりを感じることから始まります。

神話の中の女神

月と創世を司るアフリカの女神

アフリカの月と創世の女神マウは、原初の創造の女神ナナ・ブルクが世界から隠遁する前に生んだ女神です。

マウには双子の男神、太陽神リサがいます。優しく知恵深いマウは、夜を支配し西に住み、リサは昼を支配し、東に住んでいました。日食と月食のときに二人は交わり、全ての神々を生みました。生まれたのは七組の双子で、地球、嵐、鉄、魚、動物、植物、人間の寿命を任されています。彼らは地上での出来事を連絡するため、天に戻ったマウを訪ねるようです。

女神のエネルギー

動物、植物からも慕われる優しさと穏やかさ

優しく穏やかなエネルギーをもつマウは、誰からも慕われました。地球上の全てを愛する彼女の、自然に対する聖なる知恵は、尊敬され信頼されていました。彼女にとって、動物も植物も等しくかけがえのない命です。ですから、どんな動物も彼女に甘え、どんな植物も豊かに実り、天候でさえ彼女の声に聞き入りました。彼女の願いは、人間だけでなく地上のあらゆるものが、調和して幸せに生きることです。自然と人間との共生に協力し、特に、環境保護や動物愛護、緑化運動などの活動には、大きな助けになるでしょう。

【別名】マフ
【所属】西アフリカ、フォン族
【役割】環境保護など自然を司る
【出典】アフリカ神話
【象徴】月
【 色 】マルーン、ブラウン
【キーワード】環境保護、共生、調和

ローセルの女神像

～フランス～

赤いオーカーを施した女神像

　旧石器時代の人々は、肥沃な渓谷の洞窟を住居や祭場として使いました。多くの洞窟では、その壁に絵が描かれ、女神の像が彫刻されていました。ローセルの女神像は、最も有名な洞窟壁画であるラスコーから数キロメートルのところにある、フランスのドルドーニュ地方のローセルで発見されたものです。石灰岩の岩壁の上に彫刻された像は、谷を見下ろすように立っていました。約22000年～18000年前の旧石器時代に造られたと推定され、約43cmの大きさです。右手には三日月形のバイソンの角をもち、左手は豊かな腹部に当てられ、子宮を指し示しています。大きな乳房と、発達した腰部、丸みを帯びた体から、彼女が妊娠していることが伺われます。頭は三日月形のバイソンの角の方を向き、像の全体には、生命や血の色を象徴する赤い色をした土のオーカーが振りかけられていました。

月の満ち欠けに秘められた思い

　三日月形のバイソンの角の表面には、13本の線が刻まれています。これは、月が太陰暦の1年で13回満ち欠けを繰り返し、月が満ちていく、または欠けていくのに13日

かかることを意味しています。太古の人々にとって、月は自然界全体と母なる女神を表象する神聖なものでした。月が満ちるときには生命の成長を、満月は満ち溢れる生命力を、月が欠けるときには生命力の減退を、新月は光の再生を待つ時期を象徴するととらえ、月の満ち欠けに無限の命の循環を感じたのです。また、三日月は若い少女や乙女、満月は妊婦や母、新月は光を内に秘めた老婦人と、女性のライフサイクルにも例えられました。

女神像が伝えるメッセージ

　この女神像は三日月を見つめ、大きく膨らんだ腹部を指し示して妊娠の歓びを伝えています。誇らしげで女性としての幸せに満ちている様子は、自分が女性であることを全面的に受容し肯定していることを示しています。月の周期に従って命を生み出す、女性の肉体の無限の豊かさと美しさを、古代の人々は讃えていたのです。そして、月のものである月経も、神聖な命の循環の現れとして、畏敬の念をもって扱われたのではないでしょうか。女性が自分の体をいたわることは、全ての命をいたわることに通じます。この女神は、愛を込めて自分の体に触れ、命に感謝し、自分をいたわることの大切さを教えてくれています。

ローセルの女神像

東南アジアの神話

日本の神話

　東南アジアでは、ガンジス河流域と黄河流域に文明が発達しました。これらの流域には長い歴史の流れとともに様々な宗教や文化が生まれ、周辺の地域に大きな影響を及ぼしました。このような大陸からの影響は日本にも及びましたが、日本ではそれらを融合させ独自の文化や神話の世界が創られました。

　日本の神話は、国家によって編纂された古事記と日本書紀、各地方の地誌を記した風土記に記録されています。古事記と日本書紀は支配者が国民を統率することを目的として作られた面がありますが、風土記は地方の民話なども含まれ、人々の日常生活の観点から神話が語られています。

天地開闢と国造り

　古事記によると、この世の初め、高天原に造化三神と呼ばれる三人の神が現れ、次いで二人の神が生まれました。これら五神は別天神五柱と呼ばれ、性別はありませんでした。その後、やはり性別をもたない二人の神と、男女の性をもった対の神々が五組生まれます。この神々は神世七代と呼ばれ、その最後に生まれたのが伊邪那岐尊と伊邪那美命の夫婦神でした。二人は天津神々から下界の国造りを命じられます。まだ形すらはっ

きりとしていなかった下界を、神力を宿した天沼矛でかき混ぜて、オノゴロ島を造ります。そして、そこへ降り立つと夫婦の交わりをおこない、八つの島を生み日本の国土を形成し、三十五人の神々を生みました。

　日本書紀によると、この世の始まりは混沌とした状況にあり、混沌の中から清浄なものは上昇して天に、重く濁ったものは大地となり、神々が誕生したと記されています。

日本の女神

　太古の日本では自然と繋がる女性の霊性が尊ばれ、日本神話の中には多くの女神が登場します。他国の神話同様に日本でも、女神は大地の母として崇められていました。縄文時代には豊饒と多産の女神信仰があり、遺跡から女神の土偶も出土しています。

　神話の中では、伊邪那美命と大宣都比売神が大地と豊饒の女神にあたります。太陽の女神である天照大御神も豊饒と命を育む存在です。水も神聖な生命の母と見なされ、水にまつわる女神も崇められました。水の女神としては瀬織津姫、宗像三女神らが知られています。また、女神は神と繋がり祭祀を司る存在でもありました。天宇受売命、倭姫命、卑弥呼といった女神たちは、神懸かりになり神託を述べる霊的役割や、配偶者や近親者の神に霊力や加護を与える役割がありました。女神には生と死を司る役割もあり、伊邪那美命と菊理媛は、それにあたります。

インド神話と世界創造

　インドでは紀元前3000年頃に、ドラヴィダ人によってインダス文明が栄えました。ドラヴィダ人は土着の信仰をもっていましたが、紀元前1800年頃アーリア人の侵入によりバラモン教がもち込まれます。その両者が融合して創られたのがヒンドゥー教です。

　インド神話は紀元前1200年頃に創られたリグ・ヴェーダを元にするヴェーダ神話、紀元前800年頃に編纂されたウパニシャッドを元にするブラーフマナ・ウパニシャッド神話、紀元前500年頃に発生したマハーバーラタとラーマーヤナを元にする叙事詩プラーナ神話の三つに分かれています。バラモン教がヴェーダ神話に、ヒンドゥー教が叙事詩プラーナ神話に関連し、ブラーフマナ・ウパニシャット神話は、両神話の過渡期に成立しています。

　ヴェーダ神話の世界創造には、原初の水の中に黄金の胎児が宿され、そこから神々が生まれたとする説、神々によって供儀として捧げられた原人プルシャから世界が出てきたとする説など、いくつかの説があります。ヴェーダ神話は、古い自然崇拝が中心で、中でも、雷神かつ軍神のインドラは悪魔退治をする英雄として、最も多く語られています。ブラーフマナ・ウパニシャッド神話では、創造神プラジャーパティによって世界が創造されたと伝えられ、人間の祖先マヌ、洪水伝説などが有名です。ヒンドゥー教の神話では、ブラフマー、ヴィシュヌ、シヴァの三人の神が最高神とされ、これらの三神は宇宙の創造、維持、破壊を司り三神一体とされています。

中国神話と世界創造

　中国には、日本やギリシャのような体系的な神話は残されていません。それは、異なる民族による政治の支配が繰り返されたため、政治的に現実問題の解決が求められ、神話文化の伝承に重きがおかれなかったと考えられます。統一された神話よりも、むしろ人間を超えた絶対的存在「天」の恩恵を受けた者が、天子として国を治めるという思想が考え出されました。しかし、仏教の影響を受け道教が誕生すると、現世の願望の実現を助ける多くの神々が崇められるようになりました。とくに、女神への信仰は篤く、西王母、媽祖、嫦娥、九天玄女、娘娘といった女神が知られています。

　中国のときの始まりは、天と地、闇と混沌が混じり合う一個の原初の卵でした。その卵から生まれた盤古と呼ばれる最初の存在から、太陽、月、星、天と地など、全ての自然と神々が生まれました。そして頭は人間、体は蛇の女神女媧が土をこねて人間が創られたとされています。彼女は非常に美しく知恵に溢れていたので、世界を治めました。また火の神燧人、婚姻の神伏羲、農耕の神神農、文字の神蒼頡といった神々が人々の生活を助けました。

天照大御神
Amaterasuoomikami

争いを深遠な知恵と愛で解決する、愛と知恵の女神

●Message●

「魂の扉をもっと開いて、世界中をあなたの愛と美と光
で照らしましょう」

あなたは世界を照らす光です。人生に起こる全てのこと、出会う全て
の人は、あなたの本質が愛と美と光であることを気づかせてくれる、
神様からの贈り物です。全てを光として受け入れ、感謝すればするほ
ど、あなたの魂の扉がもっと開いていくのです。

豊饒を司る、日本神話最高の太陽の女神

　天照大御神は太陽の女神で、豊饒を司りました。黄泉の国から戻った伊邪那岐命が、日向の海で禊をおこなったときに生まれた三神の一人で、高天原を治めました。天岩戸神話では、三神の一人スサノオノミコトの粗暴なおこないに怒り、天の岩戸に身を隠すと、世界は暗闇になりました。困った神々は彼女を導き出すため、大宴会を開きます。騒ぎに誘われた彼女が顔をそっと出すと、八咫鏡が差し出され、その鏡を見ようと身を乗り出したところを外に連れ出されて、世界に再び光が満ち溢れたといわれています。

女神のエネルギー

内面の美しさと愛で光り輝き、温かさで満ち溢れる

　彼女は、内面から放たれる美しさと愛で、光り輝いています。その光は人々の心を照らし、温かいもので満たしてくれます。彼女は命の親であり希望。鏡は、内面の聖なる美や光を映し出す物です。彼女が鏡に映る自分の美しさに気づいたとき、岩戸が開かれ、光が戻ったという神話は、誰もが自分自身の美と愛に気づいたとき、魂の扉が開いて太陽のように輝き、世界を照らす光になることを示しています。彼女の名を呼び、生かされていることへの感謝を捧げましょう。あなたの光を妨げている全てのものが取り除かれるでしょう。

【別名】天照坐皇大御神御魂、日前大神、西寒多大神、大日孁貴命
【所属】皇祖神、天津神
【役割】豊かな実りや命の恵みを与える、自己の愛と美に気づきを与える
【出典】古事記、日本書紀
【象徴】太陽、光
【 色 】ゴールド、ディープレッド、ブライトイエロー
【キーワード】美、天岩戸、鏡、豊饒

天宇受売命
Amenouzumenomikoto

困難な状況に神力を与える、芸術の女神

•Message•

「おおいなる神を全面的に信頼すれば、強さと勇気と真
の力が100%発揮されるでしょう」

おおいなる神を信頼し、全てをゆだねてください。あなたの行く手は
守られ、信じられないくらい完璧に物事はうまく運ばれています。そ
の全体の仕組みを見通す必要はありません。ただ信頼して眼の前のこ
とに集中すれば、想像以上の力が発揮できるでしょう。

天照大御神からの信頼を得た芸能の女神

　天宇受売命(あめのうずめのみこと)は、芸能の女神で巫女の源流といわれています。天岩戸神話(あまのいわと)では、天照大御神(あまてらすおおみかみ)が天の岩戸にこもった際に、宴席で裸になるほど熱狂した踊りを披露しました。それを見た神々の盛り上がりが、天照大御神を外に出す誘いとなりました。彼女は天照大御神に信頼され、天照大御神の孫のニニギノミコトが人間世界に向かう天孫降臨の際にも随行しました。その途上で出会った異形の神サルタビコノカミにひるむことなく、身分を問いただす勇気と強さももち、後にサルタビコノカミの妻となりました。

塞がれた道の行く手を切り開くパワー

　天宇受売命は、浄化された白銀色に輝く光に包まれています。彼女は神の神託を得る巫女でした。踊りでトランス状態になり神託を得たため、天岩戸神話の際にも踊りを披露することになりました。彼女は、塞がれた道の行く手を切り開く力をもっています。それは、神と繋がって神力や霊感を得たからだけでなく、神を信頼して全てをゆだねた結果、内なる強さや勇気が100%発揮されたのです。自分の方向性を見失ったとき、行き詰まりを感じるときには、彼女に助けを願いましょう。芸能活動も守護してくれます。

【別名】天鈿女神
【所属】天津神
【役割】困難な状況を打開する、神との繋がりをサポートする、芸能を守護する
【出典】古事記、日本書紀
【象徴】踊り
【　色　】ホワイトシルバー、ディープピンク
【キーワード】芸能、巫女、天岩戸、開拓

伊邪那美命

Izanaminomikoto

深い母性愛に溢れた、創造の女神

•Message•

「大切な人を心から深く愛することは、あなたの魂を成長させる学びとなるでしょう」

あなたにとって大切な人を心から愛してください。あなたが、相手に見返りを期待したり、その人のしたことを認められないとしても、相手の成長のためなら歓んで行かせてあげられるほど、その人を深く愛し続けられるように、いつも祈っています。

神話の中の女神

国土や神々を創造し、黄泉の国を支配する女神

　天界に住んでいた伊邪那美命は、男神伊邪那岐命と地上を造って降り立ち、彼とともに日本国土や神々を生みました。しかし、彼女は火の神を出産した際に大火傷を負い、亡くなって黄泉の国へ去ります。彼女を忘れられない伊邪那岐命は、黄泉の国に彼女を連れ戻しに行きますが、変わり果てた妻の姿に恐れをなし、逃げ帰ります。彼女は怒り、彼を追いかけ黄泉の国の入口で追いつきましたが、伊邪那岐命がその入口を岩で塞ぐと、通れなくなってしまいました。その後、彼女は黄泉の国を支配する女王となりました。

女神のエネルギー

命をかけて大切なものを深く愛する母性

　彼女は、周囲の幸せのために命をかけることも恐れない、強さと深い愛をもっています。素晴らしい国を造るため、自分の命と引き換えに私たちの生活に欠かせない火を与え、最初の死者となり死の国を治めました。あらゆる難題に正面から立ち向かい、自ら進んで引き受けたのは、自己犠牲ではなく愛の強さゆえでした。命をかけて大切なものを生み出し、守っていく母性愛の究極の形です。本当に大切なことを見極めるときには、彼女に祈りを捧げましょう。公共の活動や、公共性の高い事業をおこなうときにも力を与えてくれます。

【別名】伊弉冉尊、伊弉弥命、黄泉津大神
【所属】神世七代
【役割】創造力を高める、新しいことや困難に挑戦することをサポートする
【出典】古事記、日本書紀
【象徴】矛
【　色　】イエロー、ラベンダー
【キーワード】誕生と死、寿命、国造り、黄泉、創造力

カーリー
Kali

変容の力を与える、インドの踊る黒い地母神

●Message●

**「聖なる女性性のエネルギーは、古い生き方を手放し、
魂の望む人生を選択する源です」**

物事を変容させるのは、聖なる女性性の力です。全てを信頼し愛する
からこそ、真理の剣を振り下ろせるのです。人生の変革期は、「変容し
て生き続けるか、生きた屍となるか」の選択です。古い生き方を手放し
たとき、あなたの魂が望む本来の人生を歩めるのです。

神話の中の女神

悪魔を滅ぼし踊り狂う、激しい地母神

　カーリーはインド神話の地母神で、名は「黒き者」を意味します。シャクティと呼ばれる、女性的な生命力エネルギーを象徴し、女神パールヴァティーの憤怒相とも、女神ドゥルガーの怒った額から出現したともいわれています。黒い肌に四本の腕、第三の目と長く垂らした舌、髑髏の首飾りを身につけ武器と生首を持った姿で表されることもあります。彼女が戦いの女神として悪魔たちを滅ぼしたとき、彼女は興奮がおさまらず踊り続け、その激しさは大地を引き裂くほどでした。この神話は、彼女のもつ強いシャクティを表しています。

女神のエネルギー

みなぎるシャクティと、人々を目ざめさせる深い慈愛

　宇宙の真理を体現するカーリーには、シャクティのパワーと深い慈愛がみなぎっています。彼女は、あらゆるものを生み出す母で、黒さは子宮を象徴しています。シャクティは物事を変容させる力でもあります。変容するためには、事態に直面し幻想や執着を断ち切る必要があります。彼女が第三の目で真実を見抜き、聖なる刃を使ってエゴを断ち切り、人々を目ざめさせるのは、その知恵と深い愛の表れです。人生の変革期や古い自分を手放して前に進みたいとき、彼女の強力なサポートを願いましょう。

【別名】カーリー・マー、チャームンダー、大黒天女
【所属】—
【役割】人生の変革期をサポートする、自己の変容を促進させる、変容を司る
【出典】インド神話
【象徴】シャクティ
【 色 】ブラック、レッド、インディゴブルー
【キーワード】大地、踊り、戦い、変容、子宮、生命力

かぐや姫

Kaguyahime

宿命を全うする力を与える、月から来た女神

●Message●

「宿命という、あなたが成長するために与えられたベストの環境に感謝しましょう」

宿命とは、あなたが成長をするために必要な最良の環境です。魂は永遠ですが、この地上のこの環境の中での人生は、たった一度きりです。宿命という節目や目的があるからこそ、あなたは後戻りできないこの道を、迷わず進むことができるのです。

神話の中の女神

罪を贖うため、月から地上に使わされた女神

かぐや姫は、日本最古の物語「竹取物語」のヒロイン。竹取の翁が竹林で光る竹を見つけ、そこから現れたのが、かぐや姫です。美しく成長した姫は、貴族たちからの求婚を難題を与えては断りました。ある晩、月を見て沈む姫が、「本当は月の住人で、罪を贖うため地上に来ましたが、間もなく月に帰らなければなりません」と口にします。そして、満月の夜に月からの迎えが訪れ、天の羽衣を着たかぐや姫は、人間の感情を失い月へ戻りました。かぐや姫は翁に不死の薬を残しましたが、それは使われることなく、富士山で焼かれたそうです。

女神のエネルギー

定めを全うする、静かな意思の強さ

かぐや姫は、静かな意思の強さと、周囲への思いやりに溢れています。彼女は、定められた宿命を受け入れながら、強く豊かに生きました。宿命とは、寿命や生みの親、この世での役割と学びのテーマといった、変えることのできないことです。彼女は地上で、人を愛することと人から愛されること、限りある命のはかなさと情熱を学びました。自分が誰であるのか、なぜここにいるのかという本質的な問題への答えを知っていたからこそ、短い地上の人生が充実したのです。人生の意味を知りたいときには、彼女の協力を求めましょう。

【別名】―
【所属】―
【役割】宿命を全うする力を与える
【出典】竹取物語
【象徴】月
【色】ライトグリーン、ブラッドレッド
【キーワード】竹、不死、永遠、富士山

九天玄女
Kyutengennyo

大義のため、知恵をもって戦う中国の女神

•Message•

「自分の真実に正直になり、信念をもって自分を主張することが大切です」

あなたにとって真実ならば、信念をもって自分の意見を主張しましょう。たとえ相手が誰であろうと、表現する必要があるのです。いっても仕方がない……と諦めないでください。状況を変える以前に、自分の真実に正直であることが、最も大切なことなのです。

神話の中の女神

天上から救いの手を差し伸べる、戦いの女神

　九天玄女（きゅうてんげんにょ）は、古代中国の戦いの女神です。名前にある九天とは、天を九つの方位に分けた場合の総称で「天上」を意味します。彼女は美しい女性とされますが、人頭蛇身という説もあります。中国の伝説的な皇帝である黄帝が、怪物蚩尤（しゆう）との戦いに困り果て祭壇に祈りを捧げると、九天玄女が姿を現し、護符や兵法を授けました。それを使って、黄帝は蚩尤に見事に打ち勝ち、最終的に天下を統一しました。「水滸伝」では、反乱軍を率いる宋江の夢に彼女が出現し、天書を授けたとされ、宋江の守護女神として書かれています。

女神のエネルギー

宇宙の真理を守る、強い意思と知恵

　九天玄女は、真理を守るための強い意思と知恵と勇気をもっています。彼女にとって戦いとは、私利私欲のためでなく、宇宙の真理に反することを正し、悪から多くの人々の利益を守るためのものでした。彼女は、武力ではなく、兵法を使い知恵をもって攻めました。また、自らの幸運を神に祈り、護符にその力を込め守りとしたのです。

　自分の権利や尊厳が脅かされたり、信念が損なわれるようなときには、勇気をもって意見を主張することも必要です。そのような状況には、彼女の力を借りましょう。

【別名】玄女、九天玄女娘娘
【所属】道教神
【役割】知恵をもって争いを治める、宇宙の真理を守る
【出典】中国神話
【象徴】兵法
【　色】オレンジ、イエローグリーン
【キーワード】護符、天上

菊理媛

Kukurihime

宇宙の中心からの愛で、縁を繋ぐ女神

●Message●

「スピリチュアルに生きることは、あなたが全てを繋ぐ愛
そのものになるプロセスです」

愛は全てを繋ぐ源です。細胞が形を保つのも、あなたに命が宿ってい
るのも、人と人との繋がりも、全て愛という親和力のたまものです。ス
ピリチュアルに生きることは、宇宙にあまねく存在する愛を感じ、愛
に感謝し、愛そのものになるプロセスを意味します。

神話の中の女神

縁結びと巫女を司る、神秘に満ちた白山の女神

　菊理姫は、日本三大霊山の一つ白山の女神です。神話での記録は少なく「日本書紀」に一度出てくるだけの、神秘的な女神です。

　伊邪那美命を連れ戻しに黄泉の国へ行った伊邪那岐命は、彼女の変わり果てた姿を見て逃げ出します。二人があの世とこの世の境の黄泉比良坂で口論になったところに菊理姫が現れ、二人を仲裁し、伊邪那岐命は無事地上に帰ったと記されています。あの世とこの世の境で、死者と生者の間を取りもったため、「巫女の女神」といわれ、縁結びの女神としても知られています。

女神のエネルギー

宇宙の中心から溢れ出す愛を放射

　菊理姫を通して、純粋な神の愛が放射されています。名の音である「くくり」は「括る」を意味し、ばらばらになっている物を繋ぐという意味があります。見えない世界と見える世界とを繋ぐこと。神の声を聞きこの世界に伝える、魂と肉体を繋いで癒しをもたらす、縁を結んで人を繋げることは、彼女の人への愛と神に仕える歓びから出た行為です。彼女は、宇宙の中心から溢れ出す愛で全てを繋ぐ、愛の仲介者です。素敵な縁やスピリチュアルな世界との繋がりをもちたいときには、サポートを願いましょう。

【別名】菊理媛神、白山比咩神
【所属】—
【役割】縁を繋ぐ、見えない世界と見える世界の橋渡しをする
【出典】日本書紀
【象徴】白山
【　色　】スノーホワイト
【キーワード】縁、結ぶ、巫女

櫛名田比売

Kushinadahime

相手の才能を引き出し、調和をもたらす豊饒の女神

•Message•

「あなたの才能を最大限に表現して、人々に幸福と世界
に豊かさをもたらしましょう」

あなたのもっている才能を最大限に表現してください。あなたの才能
は、あなたが楽しくわくわくすることや、得意なこと、自然とあなたが
人をよい気持ちにさせることにあるでしょう。かけがえのないあなた
の才能が、世界を豊かにし、人々を幸せに導くのです。

神話の中の女神

ヤマタノオロチ退治のヒロイン、スサノオに嫁いだ豊饒の女神

　櫛名田比売は、スサノオノミコトの妻で、ヤマタノオロチ伝説のヒロインです。高天原を追放され地上の出雲に降りたスサノオノミコトは、ヤマタノオロチという怪物に毎年娘を食われているアシナヅチ・テナヅチ夫婦に出会いました。七人の娘はすでに生贄になり、次は彼女の番でした。スサノオノミコトは姫を妻として貰うことを条件に、ヤマタノオロチ退治を申し出ました。姫を櫛に変え髪に挿したスサノオノミコトは、見事ヤマタノオロチを倒し二人は結婚しました。彼女は、「稲の豊饒の女神」「農耕祭祀の巫女」ともいわれています。

女神のエネルギー

調和や人との協力を大切にする、優しさと思いやり

　櫛名田比売は、人々への思いやりや優しさに溢れ、調和や周囲との協力を大切にしました。表に立つより、護国豊饒の祈りを捧げながら、人々が調和して生きるようサポートします。乱暴を働き追放されたスサノオノミコトが、英雄となり素晴らしい国主となったのも、彼女の優しさに触れ、協力を得たから。それは、彼の本来もっている力を建設的な方向に向かわせ、調和的に引き出すことを助けました。彼女は、相手のポジティブな力を引き出す力の持ち主でもあります。自分の才能を引き出したいときには、彼女に助けを求めましょう。

【別名】奇稲田姫
【所属】国津神
【役割】豊かな実りをもたらす、人の才能を伸ばすサポートをする
【出典】古事記、日本書紀
【象徴】櫛
【　色　】ゴールド、ブライトグリーン、サーモンピンク
【キーワード】稲、調和、協力

木花之佐久夜毘売

Konohanasakuyabime

人々の命の花を開かせ、物事に繁栄をもたらす女神

•Message•

「今を感じて生きましょう。今の感覚に心を遊ばせるとき、命の花が開いてゆきます」

今、あなたは何を感じていますか？言葉にならない思いや体や心の微妙な感覚は、命の泉から湧き出るあなたの本当の声です。それは瞬間にしか捉えられません。立ち止まって「いま」を感じ、自由に心を遊ばせてください。そのとき、あなたの命の花が開きます。

神話の中の女神

燃える炎の中で無事出産した、安産の女神

　木花之佐久夜毘売は桜の美を象徴し、富士山と安産の女神です。天から地上に降りた、天照大御神の孫のニニギノミコトは、笠沙の岬で姫を見初め、二人は結婚しました。木花之佐久夜毘売はニニギノミコトとの一夜の契りで身籠り、あまりに早い懐妊に、ニニギノミコトは自分以外の者の子ではないか……と不信を抱きます。彼女は神であるニニギノミコトの子であることを証明するため、火を放った産屋の中で出産を試みます。通常ではあり得ない状況で、三人の御子を無事出産し、神の子であることを見事に示しました。

女神のエネルギー

咲き誇る桜のように、今に生きる歓びが溢れる

　彼女は満開の桜の花のように、今に生きる歓びで満ち溢れています。桜は春にはしっかりと枝を伸ばし、美しく咲き誇ります。溢れ出るような命の力は、物事の発展と繁栄を示しています。そして、咲き誇った花が潔く散り、夏に美しく茂った緑の葉が秋には落ち、冬は寒さの中に凛として春を待つ姿は、全ては変化するというこの世の真理を象徴しています。二度と来ないこの瞬間を精一杯生ききることが、命の花を咲かせることに繋がるのです。物事を進めるときだけでなく、虚しさを感じるときにも、彼女がサポートしてくれます。

【別名】木之花咲耶姫、木花開耶姫命、神阿多都比売
【所属】国津神
【役割】繁栄と発展をサポートする、安産を守護する、今に意識をもつことをサポートする
【出典】古事記、日本書紀
【象徴】桜、富士山
【　色　】チェリーピンク
【キーワード】火、炎、出産、繁栄、発展、儚さ、無常

西王母
Seiohbo

人間の可能性を最大限に引き出す、道教最高の女神

●**Message**●

「愛と知恵をもって限界という幻想を破れば、可能性が
現実のものとなるでしょう」

知恵と霊性を高め、愛の気持をもって必要な修練をおこなえば、でき
ないことなど何一つありません。人間の能力に、限界などないのです。
不安や恐れや思い込みが、本来の能力を制限しているにすぎません。
限界という幻想を破り、可能性を現実にしましょう。

神話の中の女神

全ての仙人を束ねる、道教最高の女神

　西王母は中国の道教最高の女神で、全ての仙人を束ねています。彼女は中国の西にある崑崙山の頂上に住んでいました。そこには広大な黄金の宮殿と不老長寿の実をつける桃園がありました。3000年に一度、その樹々が実をつけたときには、仙人たちを招いて宴を開き、実を食べさせました。皇帝たちにも影響を与え、周の穆王は西方を巡行した際に彼女に面会し、歓びのあまり国に帰るのを忘れてしまうほどでした。また、雲に乗り、長生を願っていた前漢の武帝の元を訪れ、奇跡の桃の実を与えました。

女神のエネルギー

無限の可能性を体現する、知恵と霊性と愛

　西王母は、可能性のエネルギーの塊です。仙人は、修練により人間のもつ能力を最大限に開花させ、宇宙と自然のエネルギーを使いこなし、超能力を身につけ不老不死を達成した人々です。不思議な力を得て使いこなすには、十分な知恵と霊性と愛をもつことが必要でした。彼女は圧倒的な不思議な能力をもっていただけでなく、知恵と霊性と愛のマスターでもあったのです。だからこそ、人間の隠された無限の能力を引き出し、導くことができたのです。潜在能力の開発や自分の限界を超えたいときには、彼女の名を呼びましょう。

【別名】王母娘娘、九霊太妙亀山金母、太霊九光亀台金母、瑶池金母、金母元君
【所属】道教神
【役割】不老不死を司どる、人間の可能性を引き出す
【出典】中国神話
【象徴】桃
【　色　】レインボー、ワインレッド、オレンジ
【キーワード】不老不死、仙人、超能力、可能性

サラスヴァティー

Saraswati

気品と才色兼備の魅力を与える、インドの女神

•Message•

「真の賢さは、女性に可愛らしさをもたらし、愛される魅力となるでしょう」

あなたの知性をもっと生かしてください。賢いことは女性の魅力の一つです。真の賢さは、周囲の人々に楽しさと刺激と信頼を与えます。思いやりをもって、素直に賢さを表現すれば、あなたの可愛らしさが増し、人からもっと愛されるようになるでしょう。

神話の中の女神

創造神ブラフマーからの、寵愛を受けた女神

　サラスヴァティーは、言語、芸術、学問を司るインド神話の女神です。一般に白い肌、四本の腕にヴィーナという楽器と数珠と経典を持ち、白鳥やクジャクや蓮華の上に座る姿で描かれます。その名はインドの神話の聖なる川の一つであるため、当初は水と浄化と豊饒の女神でした。

　創造神ブラフマーは、自らの体から創った彼女があまりに美しいため、どこからでも見えるように四方に顔を創ったともいわれています。ブラフマーのあまりに熱い思いに押されて妻となり、最初の人間マヌを生みました。

女神のエネルギー

女性に欠かせない、気品と知性美と優雅さを体現

　サラスヴァティーは、溢れ出る気品と知性美と優雅さの持ち主です。彼女は、森の清流のような清らかさをもち、音楽が流れるような美しい言葉は聞く者をうっとりさせ、ウイットとユーモアに溢れた会話は心を捉えて離しません。歌や音楽の演奏の温かく澄んだ音色は心を和ませ、優雅なたたずまいと振る舞いは天女を思わせます。才色兼備で優しい人柄は、誰からも愛されました。

　仕事もプライベートも女性として充実させたいときには、彼女の名を呼びましょう。芸能活動、学業、プレゼンテーションにも力を与えてくれます。

【別名】ブラフマーニー、サヴィートリー、ヴァーチ、アナーヒター、弁財天
【所属】—
【役割】言語、芸術、学問を司る、知性と可愛らしさの両面をサポートする
【出典】インド神話
【象徴】ヴィーナ
【　色　】ホワイト、ライトブルー
【キーワード】水、浄化、豊饒、言語、芸術、学問、白鳥、クジャク、蓮華、
　　　　　　　才色兼備

嫦娥

Jyoga

月に住む、不老不死の美しい中国の女神

•Message•

「スピリチュアルな目ざめは突然です。新しい世界を受け入れる心の準備をしてください」

スピリチュアルに目ざめると、成長したあなたにとって不必要な物は、目の前から消えていくでしょう。感謝をして、それらを手放しましょう。そして与えられた新しい環境、体験、出会いを歓んで受け入れてください。目ざめは突然です。心の準備をしておきましょう。

神話の中の女神

不老不死の薬を飲んで月に行った女神

　月に住む美しい女神の嫦娥は、弓の名手后羿の妻です。彼女はもともと不老不死の仙女でしたが、地上に降りたことで、不老不死ではなくなりました。そこで、后羿が西王母からもらった不老不死の薬を盗んで飲み、月へ行きました。月でガマガエルに変身しましたが、やがて人間の姿に戻り、月の宮殿で暮らしました。また別の説では、盗賊が薬を盗み悪用しないように、自分が薬を飲み、夫と別れ月に住むことを受け入れたとか……。后羿が月にいる嫦娥を思い、供え物をして月を眺めたのが、月見の由来ともされています。

女神のエネルギー

変化を恐れず、新しい世界を受け入れる柔軟性

　嫦娥は、自分が変化することを恐れず、新しい世界を受け入れる柔軟な意識の持ち主でした。地上の生活は、命ですらいつか終わる、限りある世界です。そこに儚さを感じた人々は、永遠の世界にあこがれ、月を見上げました。美しい月は不老不死の世界の象徴で、不老不死の薬は、新しい次元へ意識の扉を開くものです。一旦体験すると、元の次元には戻れず、古い物を手放して、次の次元での新しい人生を生きることを意味します。

　嫦娥は、未知の体験をするときに変化への抵抗を下げるサポートとなるでしょう。

【別名】姮娥、太陰星君、月宮黄華素曜元精聖後太陰元君、月宮太陰皇君孝
　　　　道明王
【所属】道教神
【役割】未知の体験をすることをサポートする、スピリチュアルな目ざめをサ
　　　　ポートする
【出典】中国神話
【象徴】月
【　色　】ライラック、イエローグリーン
【キーワード】不老不死、カエル

瀬織津姫
Seoritsuhime

あらゆる世の中の穢れを浄化する、水の女神

●Message●

「あなたの本来の光をブロックしている苦悩を、全て私
に預けてください」

あなたの本質は、一点の曇りもない純粋な光で歓びに溢れています。
それと同時に、肉体をもった人間であるがゆえに、人は苦悩すること
も私は知っています。あなたの光をブロックしている苦しみを、全て
私に預けてください。そして本来の光を輝かせてください。

神話の中の女神

神秘に包まれた穢れ祓いの女神

　瀬織津姫は、神道の「大祓詞」に登場する祓戸四神の一人で、世の中の汚れを清めてくださる穢れ祓いの女神です。「古事記」「日本書記」には直接その名は出てきませんが、黄泉の国から戻った伊邪那岐命が禊をしたときに産まれた神で、天照大御神の荒御魂と伝えられています。

　水、川、滝の神様で、知らず知らずのうちに犯したであろう、もろもろの禍事、罪、穢れを、勢いよく流れる川の水の力によって、大海に流し清める重要な役目をもっています。また、桜の神ともいわれています。

女神のエネルギー

何事にも影響されない、清らかさを保つ

　瀬織津姫は、人間の弱さを受け止める広い心と、何物にも影響されない清らかさをもっています。穢れとは、人間の醜さ、汚さでなく、人間の弱さからくるどうしようもない苦しみやネガティブな面、周りから受けてしまった影響を意味します。彼女は人間を愛するがゆえに、人間を弱さから救いたいと思っています。手放すことのできない感情や想念の滞り、社会の中の不安定さや不必要となった物を浄化し、世界に本来の清らかさをもたらすのです。あなたの中で不必要となった感情を手放せずにいるときは、彼女の力を借りましょう。

【別名】瀬織津媛、瀬織津比売、八十禍津日神
【所属】祓戸四神
【役割】あらゆる穢れを浄化する
【出典】倭姫命世記、大祓詞
【象徴】滝、川
【　色　】ライトブルー
【キーワード】禊、浄化、桜、穢れ

玉依毘売命
Tamayoribime

霊的な支えとなり、子孫繁栄をもたらす女神

•Message•

「人生は魂の旅です。体と心で感じたことが魂の栄養と
なり、魂を成長させるでしょう」

本来、輝く魂であるあなたの今は、体や心とともに旅をしている存在
です。旅の目的は、様々な場所で様々な人と出会い、様々な体験をし
て魂を成長させること。体と心を通して感じたことが、魂の栄養です。
旅を楽しむことで、人生の豊かな恵みが与えられます。

神話の中の女神

神武天皇の母となった、子孫繁栄を司る女神

海神の娘の玉依毘売命は、子孫繁栄を司る女神です。姉のトヨタマビメノミコトは、ヤマサチヒコとの間にウガヤフキアエズノミコトをもうけます。しかし、鮫の化身であることをヤマサチヒコに知られてしまい、我が子を置いて海へと帰ってしまいました。海へ戻ったトヨタマビメノミコトは、妹の玉依毘売命に、地上へ行き自分の御子を養育するよう託します。玉依毘売命は乳母となり献身的に育て、後にその妻となって、四人の子を授かりました。彼女の末の子が大和朝廷を築いた初代天皇、神武天皇といわれています。

女神のエネルギー

海のような包容力と安らぎをもつ、すぐれた霊力

水は命を生み出す源であり、満々と水をたたえる海は、あらゆる命が育まれる場所。玉依毘売命のもつ海のような包容力には、誰もが安らぎと温かさを感じます。玉は「魂」や「水の霊力」を意味し、女神の霊力の象徴とされていました。霊力が依りつくすぐれた巫女である彼女の子育ては、単なる子供の成長だけでなく、この世の真理に従って子供の魂を育てることでした。そのため、天皇と王権の霊的な支えとなり、子孫と日本が繁栄していったのです。子育てや子孫繁栄、魂の成長を願うときには、彼女に祈りを捧げましょう。

【別名】玉依姫命、玉依日売
【所属】海神
【役割】子孫繁栄を司る、魂の成長をサポートする
【出典】古事記、日本書紀
【象徴】宝珠
【色】薄いエメラルドグリーン、ブルー
【キーワード】子孫繁栄、子育て、乳母

パールヴァティー
Parvati

無償の愛を与え続ける、母性を司るインドの女神

●**Message**●

「**愛を与え続けましょう。与えれば与えるほど、より多く
の愛があなたに注ぎこまれます**」

愛を与えてください。宇宙にあまねく存在する愛は、枯れることはあ
りません。与えれば与えるほど、あなたの中に空間が生まれ、より多く
の愛が想像もしない形で、宇宙からあなたに注ぎこまれます。自分の
ために残そうとしないで、愛を与え続けてください。

神話の中の女神

シヴァの妻で母性を司る、美しき女神

　パールヴァティーは母性を司るインド神話の女神で、山の神ヒマヴァットの娘です。破壊神シヴァの美しき妻として、象の神ガネーシャを生みました。シヴァには彼女以外との女性の間に、六人の子供がいましたが、彼女はその子供たちも大変可愛がりました。

　ある日、彼女が子供たちをあまりに強く抱きしめたので、彼らは頭が別々のまま体が一つになってしまいました。六つの頭に一つの体をもつ子供たちを見たとき、強い母性愛を感じ、自然と母乳が溢れ出たという伝説が残されています。

女神のエネルギー

あらゆる子供に与え続ける、神聖な愛の化身

　パールヴァティーは、神の与える愛の化身です。彼女は、あらゆる子供を我が子のように慈しみ、可愛がります。彼女にとって子供は、世界の宝なのです。とくに小さき者、弱き者は、愛おしくてしょうがありません。見返りなど何も期待していませんが、彼らから愛を示されると、彼女の心は嬉しさと感謝の気持ちで一杯になり、受けた愛をまた与えるのです。子供だけでなく、全ての命は平等に愛おしく、人の世話をすることも大好きです。子育てや子供の教育、対人援助やケアの際には、彼女が大きな力を与えてくれるでしょう。

【別名】ウマー、ガウリー、チャンディー、アンビカー
【所属】—
【役割】無償の愛を与える、子供を守護する、対人援助のサポート
【出典】インド神話
【象徴】母性
【　色　】ゴールド
【キーワード】子供、山

卑弥呼
Himiko

神秘のベールに包まれた、古代日本のカリスマ的女王

●Message●

「あなたのいる環境を高めるには、あなたの意識を高め、慈悲の心で接しましょう」

指導者の意識が全てに反映されます。あなたが治めている環境は、あなた自身の写し鏡です。あなた自身のあり方を振り返り、自分を高めてください。素晴らしい指導者として、公平でクリアに物事を見通す洞察力をもち、慈悲の心で人々に接してください。

神話の中の女神

古代日本を治めた、邪馬台国の神秘の女王

　卑弥呼は、倭国の女王で邪馬台国に住んでいました。2世紀後半、政情の乱れを静めるため卑弥呼が女王になります。彼女は神の神託を得る巫女で、独身でした。王になると神に仕えるために宮殿にこもり、人々の前に姿を見せなかったといわれています。政治的な実務は、卑弥呼の弟が神託に従って担いました。卑弥呼の死の後は、親族の壹與が女王に即位したと伝えられています。

　天照大御神、神功皇后らと同一とする説もありますが、実体は謎で、神秘のベールに包まれている女神です。

女神のエネルギー

無私の心とすぐれた霊能力で、人々を平和に導く

　卑弥呼は、卓越した洞察力と霊感と知恵の持ち主です。全てをかけ、無私の心で女王としての務めを果たしました。国の安定のためには、人々の心が潤い安らかであることが必要です。彼女は、人々に現実的な安心と安全を与え、精神的支柱となり、霊的にも降り注ぐ神のエネルギーが国中に十分にいきわたるよう、障害となる穢れを払いました。責務を全うするため、自らがクリアであるよう常に努めていました。洞察力や霊感を高めたい、指導力を発揮したい、国家安泰を願うときに彼女の名を呼べば、偉大な力を与えてくれます。

【別名】卑彌呼、俾彌呼、親魏倭王
【所属】—
【役割】指導力を発揮する、集団を束ねるサポートをする、洞察力と霊感を高める
【出典】魏志倭人伝、後漢書、隋書、三国史記、梁書
【象徴】金印
【　色　】バイオレット、ミルキーホワイト
【キーワード】巫女、国家安泰、霊性

弁財天

Benzaiten

福をもたらし、芸能と水と学問を司る優美な女神

•Message•

「あなたは幸福と歓びの女神です。あなたの幸せが、更なる豊かさをもたらします」

あなたの目の前には、すでに無限の豊かさが用意されています。歓んで受け入れ、楽しみましょう。幸せな気持ちで満たされると、幸せのオーラはあなたから周囲へ伝わり、更なる豊かさがあなたに運び込まれます。あなたこそ、幸福と歓びの女神なのです。

神話の中の女神

水と財と智恵と芸能を司る、七福神唯一の女神

　弁財天は、水と財と智恵と芸能の女神です。その起源はヒンドゥー教の水の女神サラスヴァティーで、奈良時代に仏教の守護神として日本に伝わりました。鎌倉時代以降は、日本の水の女神イチキシマヒメや農業のウガジンと習合し、七福神の中で唯一の女神となりました。

　琵琶を持った姿が一般的で、美のシンボルでもあります。水の近くに祀られることが多く、水のせせらぎの音から音楽神ともなりました。学問、芸能、福徳、豊饒、財など幅広く守護する女神として、広く信仰を集めています。

女神のエネルギー

幸福と歓びのオーラで輝く、豊かさの象徴

　宇宙の無限の豊かさを表現している弁財天は、幸福と歓びのオーラで輝いています。優美かつ妖艶で、才にたけ、なんでも器用にこなす彼女は、女性の魅力に溢れた愛すべき女神です。彼女は、宇宙の豊かさを享受し、与えられた歓びと福徳を私たちと分かち合いたいと願っています。さらに、私たち自身が自分の力でその豊かさにアクセスできるように、サポートしてくれます。物質的にも精神的にも豊かになることで、人生を楽しみたいときには、彼女に祈りを捧げましょう。女性として魅力的になりたいときにも、力になってくれます。

【別名】弁才天、弁天、妙音菩薩、辨財天
【所属】七福神
【役割】学問、芸能、農業、財産などの幅広い分野で豊かさをもたらす
【出典】仏教、神道、インド神話
【象徴】琵琶
【　色　】ローズピンク
【キーワード】水、龍、蛇、知恵、学問、芸能、財、福徳、豊饒

ラクシュミー
Lakshmi

希望を与え、美と幸運と繁栄をもたらす女神

•Message•

「明るい未来を信じましょう。宇宙の力を強く信じるほ
ど、実現のスピードは速まります」

全てはうまくいっています。宇宙はいつもあなたの味方で、必要な物
は惜しみなく全て与えてくれます。あなたがそれを信じれば信じるほ
ど、実現のスピードは速まるのです。雲一つない青空のように、希望と
明るい未来だけを信じてください。

維持神ヴィシュヌとともに転生を繰り返す、美の女神

　ラクシュミーは、美と豊饒と繁栄を司るインド神話の女神で、維持神ヴィシュヌの妻です。その名は「幸運」を意味し、四本の腕をもち、蓮華の花の上に立つか座る姿がよく見られます。

　神々が不老不死の霊薬アムリタを作った際、海の泡から生まれました。あまりの美しさに神々はこぞって求婚しましたが、遅れて現れたヴィシュヌを一目見て近づき、妻の座である左隣に座りました。彼とともに何度も転生した一方で、様々な神の妻となった伝承もあります。日本では吉祥天と呼ばれています。

女神のエネルギー

希望の光で周囲を明るく照らす

　ラクシュミーは希望の光を輝かせ、周囲を明るく照らします。彼女はどんなときでも、ポジティブで楽観的、明るい未来のイメージしかもちません。なぜなら宇宙は、自分の思いを実現するためにサポートしてくれる存在だということを知っているからです。豊かさがもたらされることを信じる心の強さが、彼女が幸運を呼び込む秘訣であり、豊饒と繁栄を与える源なのです。

　お金、チャンス、時間、知識、仕事、人間関係、幸福など、どんな分野でも、あなたが願うことに成功と幸運を運んでくれます。

【別名】ラクシュミー・シュリー、シーター、吉祥天
【所属】—
【役割】豊かさと繁栄をもたらす、ポジティブな意図をもつことをサポートする、
　　　　幸運をもたらす
【出典】インド神話
【象徴】蓮華
【色】ゴールド、マゼンタ
【キーワード】幸運、美、繁栄、豊饒

メソポタミアの神話

シュメール神話

　メソポタミアはギリシャ語で「二つの川の間」を意味します。チグリス川、ユーフラテス川の二つの大河に挟まれた肥沃な大地、現在のイラクやシリア周辺に生まれた文明の総称がメソポタミア文明です。数万年前に人類が住み始めたといわれ、紀元前3000年頃には都市国家がありました。

　最初の文明はシュメール人によって創られたシュメール文明で、有名な楔形文字が書かれた石版には、多くの神話が残されています。シュメール文明は、紀元前2300年代にアッカド人に征服されてしまいます。しかし、アッカド人はシュメール文明の文化的に優れた面を認めて、シュメールの文化をそのまま吸収しました。そのため、アッカド神話では、シュメール神話で語られる神々の名前が、アッカド語に読み替えられています。膨大な神話には洪水伝説が含まれるなど、「旧約聖書」の物語と関連している話も多く見られます。また、エジプト、ギリシャ、ローマの神話にも影響を及ぼし、インドの神話にも共通点がみられることから、シュメール文明は神話の歴史の中で大変重要なものだといえます。

創世神話と神々

　シュメール神話では、ナンムと呼ばれる原初の海の女神が世界を創造したといわれています。女神ナンムが、天の神アンと大地の女神キを創造しました。アンとキは大気の神エンリルを生んだとされています。大地の女神キは後に、女神ニンサルフグと呼ばれ、全ての生命と豊饒を司り、出産の守護神となります。また、ナンムも後年、海水の女神ティアマトと呼ばれるようになりました。その説での、創世の神々の誕生は、海水の女神ティアマトと淡水の神アプスーとの間に、ラフム、ラハムを生み、何代も受け継いだ後、天空の神アヌ、水の神エア、大気の神エンリルが生まれます。その後、至高神マルドゥクや天界と大地の女神イナンナといった神々へ繋がったとされています。

　シュメール人は、大地と水に関わりをもつ母なる女神を崇拝していました。実際の社会でもエジプト同様、少なくとも上流階級では女性が社会的・経済的にも男性と平等であったといわれています。しかし、後年の神話の中で、女神ティアマトは男神マルドゥクによって打ち倒されます。これは実社会において、母系社会から父系社会への変化を示すものと考えられています。

女神と聖婚（ヒエロガモス）

　聖婚とは、地上の豊かな実りと子孫繁栄を願っておこなわれた、聖なる儀式のことです。この聖婚は、メソポタミアでは大変重要なものとされていました。儀式は神殿の聖所でおこな

われます。神殿は、見えない神の世界とこの世界が交わる場所
で、女神の体そのものであり、その頂上には女神の子宮を象徴
する聖所がおかれていました。聖所には天から女神と男神が降
り、世界に生命力を与えると考えられていたのです。その力を
いただくため、女神の象徴である高位の女神官と男神の象徴
である王または高位の神官が聖所へと昇り、おおいなる秘儀を
おこないました。そこで王が女神と交わることは、豊饒の儀式
であると同時に、神から王に権力を授与されたことを示す女神
との聖なる結婚を意味し、儀式の主導権は女神にありました。

女神イナンナの冥界下り

　シュメール神話の中で最も広く愛された女神は、イナンナ
でした。イナンナは、「天界と大地の女王」「美と性愛の女神」
「豊饒の女神」「戦いの女神」「月の女神」「金星の女神」「シリウ
スの化身」などと呼ばれています。イナンナはアッカド神話で
は「イシュタール」と呼ばれ、後に、アナトリアの女神キュベ
レー、ギリシャ神話の女神アフロディーテの原型となります。

　イナンナの神話で最も有名なものが、冥界下りです。イナン
ナは姉妹である冥界の女王エレシュキガルが治める冥界に下
降しました。冥界へ至る七つの門を通過するたびに、最高の女
神であることを象徴する、豪華な装身具や衣類が一つずつ剥
ぎ取られました。最後に全裸になったイナンナは、エレシュキ
ガルの前に立ちます。エレシュキガルはイナンナを死のまなざ
しでじっと見つめ、死体となったイナンナは3日間鉤で吊り下
げられました。地上ではイナンナの不在によって、あらゆる実

りは止まり、万物は眠りに落ちてしまいます。イナンナから、もし自分が帰らなかったら探すように、といわれていたイナンナの忠実な従者のニンシュブルは、神々の助けを求めました。知恵の神エンキはニンシュブルの願いを聞きイナンナの解放を請うために、エレシュキガルの元に二匹の生き物を使いに出します。これによってイナンナは、3日間の死のあと命を再生し、身代わりに誰かを指名することを条件に天界の女王として地上に戻ります。ニンシュブルや彼女の息子を差し出すことを拒絶し、最終的に夫であるドゥムジを選びました。しかし、ドゥムジの兄弟ゲシュティナンナはそれを嘆き、一年のうち半分はドゥムジが、半分はゲシュティナンナが冥界に行くことになりました。

　イナンナがなぜ冥界に降りて行ったのか、その理由はっきりとはわかっていません。しかし、美しくあらゆる力をもった女神であってすら生命の隠された神秘を理解するために未知の次元を体験したいという欲求があることは、全ての人間もこのような欲求から逃れられないことを意味しています。この神話はまた、古いものの死によってこそ新しいものへの再生が得られることを教え、新しい次元を学ぶために、死という通過儀礼を体験することが必要になることを説いています。

アナーヒター

Anahita

水と浄化と豊饒を司る、ペルシャの女神

•Message•

「水に愛の波動を送りましょう。あなたに愛された水は、
世界中を旅する愛の伝達者です」

水に愛の波動を送ってください。川の水は海に注ぎ、水蒸気は雲と
なって世界中を旅します。あなたの身近な水に「愛している」と声の
波動を直接送れば、それは世界を駆け巡ります。あなたの愛で世界が
浄化され、地球全体が愛の波動で包まれるのです。

神話の中の女神

全てを浄化し豊かさをもたらす、水と豊饒の女神

　ゾロアスター教の女神アナーヒターは水と豊饒を司り、その名は「清浄無垢」を意味します。聖典「アベスター」では、星をちりばめた冠と黄金の耳飾りを身につけ、ベルトを高く締めた豊満な胸をもつ乙女と記されています。

　アナーヒターは液体全てを司り、浄化の女神として、精子や母胎も浄化しました。また、豊饒の女神として、耕作、家畜、安産を司り、財産や土地の増大、勝利、学問を守護するといった役割も加わりました。アナーヒターは、愛の女神の側面ももっています。

女神のエネルギー

いつも新鮮な気持ちで、今ここに意識を向ける

　アナーヒターは、透明感のあるスムースなエネルギーの流れをもっています。それは、いつも新鮮な気持ちで、いまここに生き、過去や未来にとらわれない彼女のあり方を象徴しています。物事に柔軟に接し、決して無理をしません。また、彼女の愛情は、こんこんと湧き出る泉のような静かな強さをもち、人々の心を潤してくれます。物事が停滞しているとき、八方塞がりに感じるときには、彼女に祈りを捧げましょう。また、水に関する環境問題、水害に関する全てのこと、ウォータースポーツにも大きな助けとなってくれます。

【別名】ハラフワティー・アルドウィー・スーラー、アナーヒト、アナイティス
【所属】—
【役割】全てを浄化し、内在する豊かさのエネルギーを引き出す
【出典】ペルシャ神話
【象徴】金星
【　色　】コバルトブルー
【キーワード】水、豊饒、農耕、浄化、安産、愛

イナンナ
Inanna

咲き誇る大輪の花のような、メソポタミア最高の女神

•Message•

「あなたは命の花です。体験という名の花弁が多いほど、花は咲き誇り、魂は輝くのです」

あなたの命の花を咲かせてください。あなたはこの世で一つしかない命の花です。人生は、体験という名の花弁を一枚ずつ広げていくようなもの。多くの花弁が開くほど魂は輝きを増していきます。目の前の出来事や気持ちを味わい、執着せずに次を楽しみましょう。

神話の中の女神

美しく奔放な性愛と、豊饒と戦いの女神

　性愛と豊饒と戦いの女神イナンナは「天界と母なる大地の女王」と呼ばれ、内なる豊饒の力から性愛を司りました。彼女は自分の都市ウルクを繁栄させるため、文明を創り出す智慧の源「メー」を、神エンキから与えられました。しかし翌日、エンキはそれを後悔し、悪魔を差し向けます。彼女はその追跡を逃れ、自身の発明も加えて元以上の「メー」をもつようになります。結局、イナンナとエンキは、永遠の講和を結びました。

　彼女は寛容、平和、好奇心など、様々な要素をもち、アフロディーテの原型といわれています。

女神のエネルギー

誇らしく咲き誇る、多くの花弁をもつ大輪の花

　イナンナは、自分にある女性の全ての側面を、ありのままに表現します。それは、まるで多くの花弁をもつ花が咲き誇るようです。全ての側面は命のほとばしりであり、命がどうありたいかだけが大切なのです。命の声に正直であることが、真の清浄を意味します。また自分の可能性を広げることを恐れず、好奇心に従ってチャレンジすることも楽しみます。なぜなら人生の主導権は自分にあることを知っているからです。彼女は女性にまつわる全てのことを守護します。どうしたらいいかわからないときには、彼女の名を呼びましょう。

【別名】イシュタル、アシュタルテ
【所属】—
【役割】創造力や至福を与える、豊かな実りと性愛の悦びを与える、チャレンジする勇気を与える
【出典】シュメール神話
【象徴】束ねた葦
【　色　】グリーン、ブルー
【キーワード】金星、三日月、ラピスラズリ、ライオン

エレシュキガル

Ereshkigal

孤独を愛に変えた、メソポタミアの冥界の女神

●Message●

「心の影と人生の暗闇は、あなたを成長させより愛に溢
れた女性になるための糧です」

恐れずに自分の内面を見つめてください。あなたが内面の影を見つめ
ることは、影に光を当てることと同じです。そうすれば、影の奥に隠れ
ていた愛が浮かび上がってきます。心の影と人生の暗闇があるからこ
そ、あなたは成長し、より愛に満ちた女性になるのです。

不毛の地を与えられた、孤独な冥界の女王

　冥界の女神エレシュキガルは、イナンナの姉妹です。「天の女主人」で光を司るイナンナと、「死の女主人」と呼ばれ闇を司るエレシュキガルが一つとなって、母なる自然の全体像や死と再生のサイクルを表すのです。

　不毛の地を与えられた孤独な女神エレシュキガルにも、愛が訪れます。彼女を怒らせた戦神ネルガルを呼び出し殺そうとしましたが、彼を愛してしまったのです。ネルガルは結婚して王座を得ると地上に帰りました。しかし、彼女の愛に打たれ冥界に戻り、二人で仲良く暮らしました。

女神のエネルギー

内面の影と人生の困難に直面する、強さと忍耐

　エレシュキガルは、自分自身や困難から逃げず、それと向かい合うための力をもった女性です。彼女は孤独に耐え、自分の内面の影と向き合いました。また人生の暗闇の時期を受け止め、そこから逃げずに自分の役割を果たし、忍耐強く過ごしました。それは、暗闇があるから光があり、待つことで成長することを知っていたからです。心の影と人生の闇の体験があるからこそ、愛の大切さがわかるのです。彼女は、人生の暗闇の時期の助けとなるでしょう。特に大切な人の死や喪失で辛いときには、彼女の加護を祈りましょう。

【別名】イルカラ

【所属】—

【役割】人生の困難に忍耐強く対処する力を与える、精神的にネガティブな面から学びを得る

【出典】アッカド神話、バビロニア神話

【象徴】七つの門

【　色　】インディゴ

【キーワード】夜、地下、暗闇、不毛、忍耐

リリス
Lilith

男女が同等であることを示した、人類最初の女性

●Message●

「自分のエネルギーや時間を大切にするためには、『No』ということも必要です」

自分自身を大切にしてください。人への思いやりは素晴らしいものですが、あなたのエネルギーや時間を消耗させる人には、「No」ということも必要です。あなたが自分を大切にすれば、周囲もあなたに敬意を払い、自分を大切にすることを学びとるでしょう。

神話の中の女神

アダムを拒否したアダムの最初の妻

　リリスは、世界で最初の女性にしてアダムの最初の妻でした。その名は「砂嵐の女神」「夜の女」を意味します。

　神ヤハウェは土からリリスとアダムを創りました。アダムはリリスを求め力づくで押し倒しましたが、自分はアダムと同等であると信じていたリリスは、横暴な彼の性行動を拒否しました。そして荒野に飛び去り、悪魔と自由に交わりました。怒った神は天使を派遣して連れ戻そうとしましたが、彼女は聞く耳をもちませんでした。そこで神は従順な女性イヴを創りました。

女神のエネルギー

自分の意思を主張する勇気と行動力

　彼女は自分を愛し、大切にしていました。そして、愛ある人間関係を築くためには、互いを尊重し信頼することが基本で、思いやりをもつことが必要だと信じていたのです。ですから、自尊心を傷つけられることは受け入れられませんでした。人には、自分らしく生きる権利と自由と力が与えられています。自由であるために自分の力を信じて主張し行動することは、自分への愛の証です。ときには「No」という勇気も必要です。彼女は、いつも自分の気持より周囲の気持ちを優先してしまう女性に、勇気と力を与えてくれます。

【別名】リリト、リリケラ
【所属】―
【役割】男女同等を示す、聖なる自己愛と自尊心をもつことをサポートする
【出典】ヘブライ神話
【象徴】ふくろう
【 色 】スカーレット、イエロー
【キーワード】男女同権、自由、勇気、自尊心、聖なる自己愛

アメリカ大陸・ハワイの神話

北アメリカ、イヌイットの創世神話

　宇宙は原初の時空に円盤上の陸地があり、動物とイヌイットではない人間が住んでいました。天空は陸地に建つ四本の柱で支えられていました。ところが天空を支えていた柱が壊れ、陸地はひっくりかえり、人間はドーム状の陸地の下に逃げましたが、豪雨が降り他の動物は死んでしまいました。次の時代に盛り土と二人の人間が現れ、二人は夫婦となりたくさんのイヌイットを生みました。当初世界は暗闇で、カラスはもっと食べ物を見つけるために光がほしいと鳴き、キツネは暗闇のほうが人間の隠した肉を見つけるのに丁度よいと鳴きました。カラスがキツネを運び去ったので、そのときから昼と夜が交代でくるようになったといわれています。太古のイヌイット神話では、大地は子供や食料など、おおいなる恵みを与えるとされ、不妊の女性は、「大地の子供」を見つけるために赤ん坊を探しに出かけたといわれています。

中央アメリカの神話世界

　中央アメリカでは、紀元前10〜14世紀頃に作られた女性の偶像が多数発見され、母なる大地の女神を崇め、豊饒を祈っていたと考えられています。その後、アステカ文明とマヤ文明

が発展します。アステカ文明は12世紀～16世紀にかけてメキシコ周辺で、マヤ文明は6世紀～14世紀にユカタン半島を中心に栄えました。中央アメリカには多くの民族が住み、多くの言語がありましたが、アステカ文化圏ではナワトル語が一種の共通語として使われ、共通の神話をもっていました。また、マヤ語系のキチェ族もナワトル部族と通ずる神話を伝えています。中央アメリカでは、遠距離交易が盛んで、アステカ文明とマヤ文明は、地理的にも時代的にも近いため、多くの神々が共通しています。

アステカ神話、五つの太陽の時代

　原初に存在したのは、男神オメテクトリと女神オメシワトル。この二人から、テスカトリポカ、ケツァルコアトル、ウィツィロポチトリ、シペ・トテックという四人の神々が生まれ、彼らはそれぞれ黒、白、青、赤のテスカトリポカと呼ばれました。

　最初の世界は巨人の住む、「ジャガー神の太陽」の時代。この世界はテスカトリポカ神が支配していました。しかし、彼の兄弟であるケツァルコアトルがジャガーに巨人たちを食べさせてしまい、世界は滅びました。第二の世界はケツァルコアトルが支配した「風の太陽」の時代。この時代は、太陽が風によって破壊され、人々は猿に変えられてしまいました。第三の世界は、雨の神トラロックが支配した「雨の太陽」の時代。この太陽は火の雨で焼き尽くされ、人々は七面鳥に変えられてしまいました。第四の世界は、水の女神チャルチウートリクエが支配した「水の太陽」の時代。この時代は洪水に飲み込まれ、生き

残った人々は魚に変えられてしまいました。最後に登場する第五の世界はアステカ人の世界で、太陽神トナティウが支配した「運行する太陽」の時代。この時代に神々は水で覆われた世界を再生させますが、いずれ地震によって滅ぶという予言があります。

　ケツァルコアトルやテスカトリポカなどの神々は、天と地を創り、植物を生み出しました。世界は暗闇であったので、ナナウアツィンが太陽にテクシテカトルが月になりました。そして人間を創るために、神々はケツァルコアトルに地下の世界へ行き、前の世界の人類の骨を取ってくるよう要請します。ケツァルコアトルは地下の世界で骨を拾い集めると、誕生の地タアモンチャンへ行きます。そこで、女神シワコアトルに骨を渡すと、彼女は骨を粉にして神々の血と混ぜ、人間の男女を創りました。神々は新しい人類に食料を与え、人間が楽しみ、神々を讃えて踊り歌うために必要な、白い飲み物を作りました。太陽となったナナウアツィンは自分に犠牲を供さないなら太陽を動かさないといい出したため、アステカ人たちには太陽を動かすために生贄を捧げる習慣が生まれました。

マヤの神話

　キチェ族の聖なる書「ポポル・ブフ」の創世神話では、原初の始まりには穏やかな海だけがありました。創造神テペウとグクマッツが二人の考えを言葉に表し、新しい大地ができたのです。大地には水と暗闇しかなく、神々によって動物と人間が創られました。そして世界は、数回滅んでは再生したといわれ

ています。

南アメリカ、アンデスの神話

　16世紀頃まで、アンデス高地で栄えたのはインカ文明でした。自然とともに生きていたアンデスの人々にとって、大地は糧をもたらす母であり、大地の女神パチャママやトウモロコシの女神サラ・ママをはじめとする神々が崇められました。

ハワイの神話

　この世の初めには暗黒しかありませんでした。その暗黒に意思が生まれ、母なる大地パパの子宮と、父なる大空ワーケアの光が現れ、宇宙が誕生しました。その後、様々な神々が生まれます。このとき世界は大きなヒョウタンでした。創造の神カネがそのヒョウタンを上に放り投げると、その果肉は太陽と月に、種は星になりました。神々は、モカプと呼ばれる小さな島へ行き、はじめての人間を創ります。ウェラ・アヒ・ラニ・ヌイと名づけられた最初の人間は、たくましい男性になりました。そして神々は、彼の中から一人の美しい女性を取り出し、ケ・アカ・フリ・ラニと名づけ、この二人がハワイアンの祖先となったといわれています。

イシュチェル
Ixchel

生きる力を引き出し、癒しをおこなう偉大なる母

•Message•

「自分に与えている制限を緩めることで、あなたの存在
そのものが真の癒しになります」

あなたは、無限の癒しの力をもっています。自分に与えている制限を
緩めたとき、その力があなたの中を流れ始めます。より意識を拡大で
きるようになればなるほど、その力は強まり周囲の人々を癒し始めま
す。あなたの存在そのものが、真の癒しなのです。

神話の中の女神

出産と癒しを司る月の女神

　マヤ神話に登場するイシュチェルは太陽神イツァムナーの妻で、様々な役割をもつ月の女神です。月の満ち欠けは女性の生殖と関連しているため、彼女は出産やセクシュアリティを司り、母子を守護します。また、水の女神として雨を管理するため、「虹の女神」とも呼ばれ、偉大な癒しの女神でもあります。知恵深い年老いた女性として描かれることが多く、女性に織物を教えたと伝えられています。メキシコのカンクンの東北にある小島イスラ・ムヘーレスは彼女の聖地で、「女の島」と呼ばれる女性の巡礼地でした。

女神のエネルギー

慈愛とユーモアに溢れた、偉大なヒーラー

　イシュチェルは慈愛とユーモアに溢れ、一緒にいる人を安心させてくれます。彼女は偉大なヒーラーです。水やハーブによる浄化や、自然や色や音を用いて七つのチャクラを調整し、癒しをおこないます。さらに、セルフケアの方法を教え、カウンセリングによってスピリチュアルな気づきを促します。特に女性に対しては、少しでも自立できるよう生活面でも相談にのってくれます。彼女の前では、どんな人も弱さをさらけ出して甘えられ、内なる生きる力を引き出してもらえるのです。癒しが必要なときには、彼女に祈りを捧げましょう。

【別名】チャルチウィトリクエ、虹の女神
【所属】 —
【役割】出産を助け癒しをおこなう、母子を守護する、水を司る
【出典】マヤ神話
【象徴】織物
【　色　】ブルーグリーン、パープル
【キーワード】月、虹、水、癒し、出産、慈愛

コアトリクエ

Coatlicue

人生の変容を助ける、アステカの母なる女神

●Message●

**「変容に必要なエネルギーは、宇宙の根源から無限に
与えられています」**

宇宙の根源のエネルギーは、無限にあなたに降り注いでいます。あな
たが変容するときには、多くのエネルギーを必要としますが、すでに
十分なエネルギーが与えられています。内なる生命の火は、消えるこ
とはありません。あなたの思うとおりにやればいいのです。

蛇の淑女の名をもつ、母なる大地の女神

　アステカ神話で最高の母なる大地の女神。その名は「蛇の淑女」を意味し、蛇が複雑に絡み合ったスカートをはいている姿で描かれます。「全ての天のものを生む大地の女神」「火と肥沃の女神」「生と死と再生の女神」という別名ももち、雨季を司り、農業と食物に関わりました。アステカ文明では、生命は大地から生まれ、命が尽きるとまた大地へ還り、次代の生命を育む糧となるという世界観があります。また、大地に接し脱皮して成長する蛇は、死と再生、永遠の命、豊饒の象徴として崇められ、彼女はこれらを体現した女神のようです。

女神のエネルギー

溢れる生命エネルギーとバイタリティー

　コアトリクエは、生命エネルギーとバイタリティーに満ち溢れています。なぜなら、蛇の淑女である彼女は、宇宙の根源のエネルギーと宇宙の真理そのものだからです。蛇は、根源のエネルギーの特徴である渦巻きと螺旋の形と、動きを象徴する動物です。そして、脱皮によって死と再生という宇宙の真理を示します。彼女は、魂は永遠に成長し、成長のための変化を恐れる必要はないことを教えています。バイタリティー、体力、意欲が欲しいときには彼女に助けを願いましょう。土地を肥沃にしたいときにも、協力してくれます。

【別名】トシ、シワコアトル
【所属】—
【役割】豊饒を司り農業を助ける、人生の変容をサポートする
【出典】アステカ神話
【象徴】蛇
【　色　】レッド、ブルー
【キーワード】生と死、永遠、生命エネルギー、変容

セドナ

Sedna

愛と知恵で豊かさを分け与える、イヌイットの女神

•Message•

「あなたの必要とする物は、全て完璧なタイミングで与えられるでしょう」

宇宙には、溢れるほどの豊かさがあります。あなたに必要な物は、適切なタイミングで全て与えられます。ですから先のことをあれこれと心配し、あわてる必要はありません。おおいなる導きの働きは完璧です。その見事さに感謝し、身をゆだねましょう。

神話の中の女神

イヌイットの豊饒を司る、海と冥界の女神

　セドナはイヌイットの海と冥界の女神です。海と海の生物を管理し、死んだ生物の魂は、彼女の元で新たに生まれ変わるのを待つといわれています。元は人間であったセドナは、ある日、海鳥に連れて行かれました。彼女の父が連れ戻しに来たのですが、船に乗り逃亡する二人に気づいた海鳥は、嵐を起こします。セドナは船から落ちてしまい、船の縁にしがみつきましたが、嵐を恐れた父は彼女の指を切り落としてしまいました。落ちた指はアザラシになり、彼女は海の底に沈み女神となったそうです。

女神のエネルギー

愛と知恵をもって、静かに全体を見通す洞察力

　物静かなセドナは、愛と知恵をもって全体を見通す洞察力の持ち主です。彼女は、自然は絶妙なバランスの上に成り立っていることを知っています。ですから、常に自然界のバランスと、命の循環がスムースにいくように配慮しています。その上で、私たちに必要な食糧や生活必需品を与え、海の魚や動物たちにも必要な食べ物と生きる環境を与えます。不要の死を避け、冥界に戻ってきた魂の再生を手助けすることも、バランスを取ることなのです。このバランスを尊重していれば、あなたが必要としている物は全て与えられるのです。

【別名】センナ
【所属】―
【役割】豊かさを分け与える、海の生物を守護する、魂の再生を司る
【出典】イヌイット神話
【象徴】アザラシ
【　色　】ウルトラマリン
【キーワード】海、アザラシ、クジラ、冥界、豊かさ、バランス、洞察力

パチャママ
Pachamama

聖母マリアと重ね合わされる、インカの大地の女神

●Message●

**「あなたはかけがえのない存在です。あなたがいるだけ
で、私は幸せなのです」**

あなたは大切な私の子供です。いつもあなたを見守っています。あな
たの笑顔が、どんなに私を幸せにしてくれることでしょう。辛いときに
は何もいわずに、私の元で休めばいいのです。お返しは必要ありませ
ん。あなたがいるだけで、私は幸せなのです。

農耕と豊饒と多産を司る、母なる大地の女神

パチャママはインカ神話の母なる大地の女神で、太陽神インティの妻です。全ての母であり、農耕、豊饒、多産を司りました。キリスト教の普及とともに、インカの神々はほとんど信仰されなくなりましたが、彼女だけは聖母マリアと重ね合わされて、現在でも信仰され「マルテ・デ・チャラ」という祝祭もあります。

また、アンデス地方では、トウモロコシを発酵させて作るチチャというお酒を飲む際に、最初の一口を地面にこぼしてパチャママに感謝を捧げる習慣も残っています。

女神のエネルギー

傍にいて幸せを願ってくれる、溢れ出る母の愛

パチャママにとって、全てのものは我が子です。いつも、我が子である全ての人々、動植物の傍にいて、命を与え育みます。夫である太陽神と協力して、食料を恵み、生きる歓びも与えます。自分の元で人々が幸せに暮らしていることが、この上ない歓びなのです。そして、死んだ魂が自分の元へ戻ってくると、精一杯生きたことをねぎらってくれます。子育てに迷いのあるとき、我が子の幸せを願うときには、彼女に祈りを捧げましょう。また、種つけや収穫の際にも、彼女がおおいなる助けとなってくれます。

【別名】ママ・パチャ

【所属】 ―

【役割】 豊かな実りをもたらす、多産を司る、母性をもって全てを愛する

【出典】 インカ神話

【象徴】 トウモロコシ

【 色 】 レッド、イエロー

【キーワード】 豊饒、農耕、多産、母性愛

ヒナ
Hina

直感と純化を与える、ポリネシアの月の女神

•Message•

「オーラを浄化し直感を活性化すると、創造性が豊かになるでしょう」

直感を大切にし、活性化しましょう。直感は女性性の素晴らしい特質で、創造性を豊かにします。流れる水やそのイメージは、あなたのオーラを浄化し、停滞していた感情や思考を解放してくれます。そのとき、感受性が敏感になり、直感が活性化されるのです。

神話の中の女神

虹の滝の傍にある宮殿に住む、月の女神

　ヒナはポリネシアの月の女神です。古代太平洋地域の女性や母のシンボル
で、多くの伝説が残されています。

　ヒナはハワイ島のワイルク川の上流にある「虹の滝」の下の大きな洞窟宮
殿に住んでいました。また、別のある伝説では、ヒナは毎日カパ（タパ布）作り
に励んでいました。しかし、それに疲れ果ててしまい、ヒョウタンにお気に入り
の物を詰めて平和な月に移り、安らかに暮らしたとされています。そのためハ
ワイでは月を眺めると、ヒナと彼女のヒョウタンが見えるといわれています。

女神のエネルギー

平和で清らかなエネルギーと豊かな感性

　美しく可憐なヒナは、レムリアのもつ平和的で優しいエネルギーをもってい
ます。流れる水の音と浄化力によって、清純な気持ちと豊かな感性を保ってい
ました。彼女は、女性の営みの中で特に働くことを守護します。周囲と調和し
ながら、愛と歓びをもって働くことが平和をもたらすことを、私たちに教えて
います。また女性的な直感や創造性にすぐれ、芸術家や職人も助けました。
直感や感性を磨きたいときや芸術活動においては、彼女が助けてくれるでしょ
う。労働に調和や愛と歓びをもたらしたいときにも、サポートしてくれます。

【別名】—
【所属】—
【役割】働く女性をサポートする、芸術家・職人をサポートする、職場に調和
　　　　をもたらす
【出典】ポリネシア神話
【象徴】カパ（タパ布）
【　色　】ターコイズ、ブルーホワイト
【キーワード】純化、潤い、月、ヒョウタン、直感

ペレ

Pele

魂の声に従って生きる、情熱的な火の女神

●Message●

「情熱の火を燃え上がらせて、あなたの魂の声に正直
に生きましょう」

魂の声に正直に生きましょう。あなたの中から湧きあがる衝動は、魂
の声です。それを信じてください。衝動の強さは、あなたの情熱の現
れです。古い物を手放し、情熱の炎を燃え上がらせてください。情熱
の火が、あなたの人生を創造していくのです。

神話の中の女神

破壊と創造を司る、ハワイを代表する火の女神

　火の女神ペレはハワイを代表する女神で、大地の女神ハウメアの娘です。ペレの名は「火の赤さ」を意味します。

　ペレは火山を支配し、溶岩による破壊と大地を新たに創造する情熱には、誰にも太刀打ちできません。彼女はそびえる火山のように非常に美しい女性でしたが、その性格もまた火山のように激しいものでした。負けず嫌いで短気なため、姉妹と男性を取り合い、族長たちと争うなど、多くのいさかいを起こしましたが、人々は今も彼女に魅せられ、畏敬の念を払っています。

女神のエネルギー

燃え上がるような、生きることへの情熱

　ペレは、生きることへの燃えるような情熱に溢れています。自分の魂の望むことを求めて、情熱的に行動しました。魂の本当の望みは、思考ではなく、体の奥から湧きあがる内なる衝動という形でやってきます。その衝動を判断せずに信じて進むことが、魂の声に従うことなのです。新しい物を手に入れるためには、古い物を手放すことが必要ですが、手放すことは痛みではなく、燃える情熱の結果です。ペレは、自分の情熱に触れ生き生きしたいときや、あなたの魂が望むことを実現させたいときに、力となってくれるでしょう。

【別名】ペレ・ホナ・メア、火の赤さ
【所属】—
【役割】大地を創造する、古くなった物を手放すのを助ける、人生に情熱を与える
【出典】ポリネシア神話
【象徴】活火山
【 色 】ディープレッド
【キーワード】火、溶岩、大地、情熱、変化、衝動

ヒイアカ
Hiiaka

島や崖、洞窟などを司る、フラと歌の女神

●**Message**●

「愛ある行動、振る舞いは優美さと気づきをもたらします」

毎日の何げない行動に意識を向けてください。あなたの行動には愛がありますか? あなたの愛をその行為の中で表現してみてください。

【別名】ヒイアカ・イカポリオ・ペレ　　【象徴】卵
【所属】—　　　　　　　　　　　　　【色】ピンク
【役割】フラの保護者　　　　　　　　【キーワード】献身、愛のともなう行動
【出典】ポリネシア神話

女神神話とエネルギー

　ヒイアカは、火の女神ペレの姉妹である総勢30人以上の女神たちの総称です。空、雲、雨、水、潮、花など様々な姿で自然の中に息づいていて、島や自然などを司り、フラダンスや音楽を守護しています。

　ヒイアカは、自然という美しい営みをフラという優美な動作の踊りで表現しました。フラは単なる神に捧げる踊りではなく、魂を自然に解放することで自分の原点に帰ることを助ける癒しのダンスです。

　ヒイアカが司るフラダンスを踊ることは、内側にある悲しみやネガティブな思いを解放させ、人々に癒しと気づきをもたらします。

ポリアフ
Poliahu

美しく冷静沈着で、懐の深い雪の女神

●Message●

「テレビや音楽を消して、静
けさの中に身をおきましょう」

焦りやうまくいかないときは、なるべ
く静かな環境を作って、心の声を聴
いてみましょう。真実の声は、静けさ
の中から生まれてくるのです。

【別名】—
【所属】—
【役割】冷静な判断を促す
【出典】ポリネシア神話

【象徴】白い雪、白いマント
【 色 】スノーホワイト
【キーワード】愛撫、不動の静けさか
らくる強さ、冷静さ、何もしないこと

女神神話とエネルギー

ポリアフは、ハワイ島のマウナ・ケアに住む雪の女神です。マウナ・ケアに
は、白いマントを着た四人の雪の女神が住み、中でもポリアフはひと際美しい
女神でした。

火山の女神ペレは、ポリアフの美しさをライバル視していました。その激し
い怒りや嫉妬が噴火して真っ赤な溶岩となり、ポリアフが雪の力でそれを沈め
ることでハワイ島の火山が形成されたといわれます。ポリアフは、冷静で芯の
強さをもつ懐の深い女神です。そのクールなエネルギーで、身の周りで起きて
いることに冷静な判断を与えます。焦りを覚えたり、何をやっても空回りして
いるように感じるときは、彼女の力を借りましょう。

蛇の女司祭の女神像
～ギリシャ～

地中海沿岸最後の女神文明

　豊かな自然に恵まれたクレタ島では、約紀元前3000年～紀元前1500年の間、クレタ文明（ミノア文明）が栄えました。新石器時代の平和や自然を尊ぶ意識を受け継いだクレタ文明は、異民族の侵入を受けなかったため、女性性は命と豊饒をもたらすものとして尊重され、地中海沿岸最後の女神文明となりました。クレタ島では様々な女神像が見つかっていますが、その中でも有名なものの一つが、蛇の女司祭の女神像です。

神託を伝える女神

　蛇の女司祭と呼ばれる女神像は、クノッソス宮殿の紀元前1600年と推定される層位から出土し、宮殿の中央聖域にある地下宝庫の石で囲まれた縦穴にありました。像の高さは約34cmで、恍惚としたトランス状態の表情をしています。左右の手に一匹ずつ持った蛇を高くかざしていることから、神託を述べているともいわれています。チョッキからあらわになった乳房と、女陰を意味するローブの帯飾りは、豊かさとセクシュアリティを示しています。スカートは七層の布からなり、七は月齢の四分の一の日数と等しく、主なチャクラの数でもあります。

蛇が意味するもの

　蛇は宇宙の創造のエネルギーを象徴するものとして、様々な神話に登場しています。トグロを巻く姿は、一つの次元から他の次元へ移動する螺旋の生命エネルギーを、そのダイナミックな動きは生命エネルギーの躍動を示しています。また脱皮を繰り返して成長する様や、冬眠から目ざめる姿は、自らの力で死をのり越え再生していく力を表しました。また蛇は、頭と尾を繋げると永遠性が表現されます。このように蛇が意味するものは、生命エネルギーと死と再生の変容の力を司る女神の働きと、同一のものでした。

女神像が伝えるメッセージ

　この女神像は、二匹の生きた蛇をしっかり保持しています。これは、自分と宇宙の生命エネルギーを把握し、そのパワーを損なわずにコントロールし、意識的に活用したことを示しています。また生と死、永遠と時間、男性性と女性性などの相反する二つのエネルギーの対立を超越し、両者の調和をはかる存在であったことも意味しています。私たちが洞察力、霊感、直感を与えてくれる蛇の力に目ざめることで、真の調和を世界にもたらすことができるのだと、この女神は教えています。

蛇の女司祭の女神像

キリスト教・仏教の神話

キリスト教と女神

　「旧約聖書」には、古代ユダヤ人の神話や物語が記されています。かつてはユダヤの人々も、聖なる地母神として多くの女神を信仰し、女性神官も活躍していたといわれています。しかし、ユダヤ社会は厳しい家父長制度をとり、女性は男性より下位と見なされ、かつての女神文化は父権的男神により支配されました。創造神ヤハウェに妻がいたことを示す碑文が発見されていますが、「旧約聖書」に取り上げられることはなく、男女同権を主張したアダムの最初の妻リリスについても、ほとんど言及されていません。男性から創られた従順なイブが、蛇の誘惑に負けた愚かな存在と見なされた話も、女性原理の排除を象徴していると考えられています。しかし、イエス・キリストは、女性を完全に成熟した同等の神の子として尊重しました。そのため、イエスに付き従う人の中には女性も多く、忠実な弟子となりました。磔刑に処せられたイエスの最後を見守り、復活したイエスを目撃したのも、マグダラのマリアをはじめとする女性の弟子たちです。初代教会では多くの女性が霊的指導者や司祭として活躍したのでしょう。

　イエスの思想と行動は、当時の女性が差別された社会の中

では、想像を超えた革新的なもので、誰もが理解し継承できるものではありませんでした。イエス亡きあと、キリスト教はコンスタンティノープル会議を経て、父なる神、子なるキリスト、精霊という三位一体説を中心として発展し、女性的要素は排除されていきました。一方で、多くの人々はキリスト教へ改宗しても、従来からの地母神への信仰を続けていました。人間の中に本能的にある、女神への敬愛と畏怖の火を消すことはできなかったのです。そのことを背景として、エフェソスの公会議で聖母マリアが神の母として認められ、キリスト教における母性原理の復活が果たされました。

キリスト教の女神の代表として、聖母マリア、ソフィア、マグダラのマリアの三人があげられます。聖母マリアは母性と女性の貞節、純潔を示しました。「聖書」の中で描かれる彼女は、神を生むために選ばれ性交渉という罪を免れた存在で、キリスト教の母神であるものの、かつての地母神とは異なる位置にありました。ソフィアは聖なる叡智・智慧を象徴しています。マグダラのマリアは「新約聖書」の中では、彼女の立場やイエスとの関係は明らかにされず、謎に満ちた存在でした。19世紀になって発見された「マリアの福音書」をはじめ「外典」などから、イエスの伴侶にして霊的な指導者、後継者ともいわれています。また、イエスの死後、イエスとの間にできた子供とともに南フランスに渡り、布教したという伝説もあります。イエスと聖婚をしたとされ、イエスの復活を確かめた彼女こそが、イシスやイナンナのような、キリスト教が失くした聖なる地母神、女性原理を象徴する女神なのかもしれません。

仏教と女神

　仏教は、起源前6世紀頃にインドの釈迦によって始められ、紀元後14世紀頃にはアジア全域に広がりました。その長い歴史の経過中に、他の宗教や土着の民俗信仰の影響を受けて生み出された仏教の女神たちは、現在も多くの人々の信仰を集めています。

　釈迦が当初その教えを説き始めたとき、彼に従う弟子の集団サンガが作られました。出家した者は生涯独身を貫き、女性との接触はタブーという規律を設けた男性ばかりの集団でした。次第に女性の弟子たちが増え、彼女たちの熱意は釈迦を動かし、女性だけの出家者、比丘尼の集団を作ることを許可されたといわれています。釈迦自身は男女の別なく教えを説いたといわれていますが、釈迦入滅後は、当時の女性の置かれていた社会的立場が低いことを背景に、仏教の世界でも女性はいやしむべき存在で、仏にはなれないと考えられていました。紀元前後に大乗仏教が起こり、全ての衆生は成仏できるという教えが広まります。この大乗仏教の考え方は母性原理に基づいていました。そのため、女性であっても仏になれると考えられるようになりましたが、女性の場合は一度男性にならなければ仏にならないとされる、「変性男子」の考え方が説かれていました。

　6～7世紀頃から、ヒンドゥー教ではサラスヴァティー、パールヴァティー、ラクシュミー、カーリーといった女神崇拝が盛んになり、仏教でもその影響を受けて密教が生まれ、チベットでさらに発展しました。密教では、人間性と命の創造の源であ

る情欲や性愛も肯定され、男性原理と女性原理の合一は解脱に導くものと考えられました。そして、女性のもつ霊力、女性性のエネルギーであるシャクティが重視され、女性性の様々な側面を現わす多くの女神たちが現れました。当初は、女神は男性仏のパートナーとしての役割が主でしたが、ターラーのように単独で崇拝される女神が生まれ、男性仏と同格の高い地位を得るようになりました。このように、仏教に女神が誕生した背景には、古代インドにおける女神信仰がルーツにあったのです。

　インドで発祥した仏教は、中国や朝鮮の百済を経て、紀元後6世紀頃に日本に初めて伝えられ、仏教とともに外来の女神も紹介されました。日本の仏教は、従来からある神道を否定せず、両者は併存、融合していきました。外来の女神も同様に、神道や民俗信仰と関わり合い習合しながら、日本独自の女神へと発展し、広く信仰されるようになりました。ヒンドゥー教の女神のサラスヴァティーは福徳の女神弁財天に、ラクシュミーは幸運の女神吉祥天に、ダーキニーは富と開運の女神荼枳尼天として信仰されています。また、子供の守護神である鬼子母神も、ヒンドゥー教の女神ハーリティーを起源としています。

観音
Guan Yin

仏の慈悲の化身である、智慧と慈愛の女神

•Message•

「あなたは今のままで完全で、いつも内なる光とあなた
を取り巻く光で満たされています」

あなたはいつも光とともにいます。暗闇にいると感じるときは、一時的
に霊的盲目状態になっているに過ぎません。もう自分を痛めつける必
要も謙遜する必要もないのです。あなたは今のままで完全です。あな
たを取り巻く光と内なる光に心の目を開きましょう。

神話の中の女神

全てが悟りを開くまで救済する、慈悲の女神

　観音は、阿弥陀仏の弟子で仏の慈悲の化身です。性別を超えた存在と見なされていますが、慈愛の面から女神としても広く信仰されています。サンスクリット語名のアヴァローキテーシュヴァラは「遍く」「見る」「自在」の合成語で、「悩める人々の声を見聞きし、様々な姿に自在に変化して、あらゆる場所に現れ救済すること」を意味します。「観世音」「観自在」とも呼ばれています。

　菩薩は、この世の全てのものが悟りを開くまで救い続ける悟った人のことで、観音はこの世の衆生の傍にいて慈愛を与える存在です。

女神のエネルギー

全ての停滞した、エネルギーを溶かす慈愛

　観音から流れ出る慈愛のエネルギーは、全ての停滞したエネルギーを溶かしていきます。人の苦しみは自分の苦しみと感じ、人々と同じ視線の高さで寄り添います。それは、全てのものの本質は仏であり、観音自身と何ら変わることがなく、あらゆるものは一つであると知っているからです。だからこそ、最後の一人までが苦悩の根源である無知と執着から解放され、幸せと愛に満ちるよう奉仕するのです。困ったときには観音の名を呼びましょう。奉仕活動、医療活動、対人援助には大きな助けになります。

【別名】観世音菩薩、観自在菩薩、アヴァローキテーシュヴァラ、チェンレーシィ
【所属】菩薩
【役割】人々に寄り添い導く
【出典】法華経、華厳経、般若心経、観無量寿経ほか
【象徴】水瓶
【　色　】ゴールド、ペールヴァイオレット
【キーワード】智慧、慈悲、慈愛、功徳水、悟り

グリーンターラー
Green Tara

苦しみから素早く救済する、仏教の慈悲の女神

•Message•

「直感を信頼し、スピリチュアルに目ざめ、歓びで満たされた人生を送りましょう」

あなたの直感を信頼してください。直感は、物事の本質や真実を見抜く聖なる力です。思考やエゴから解放され、楽しみを人生に招き入れると、直感力が高まります。直感に従って行動し続けると、わくわくした歓びで満たされ、スピリチュアルに目ざめていきます。

観音の左目の涙から生まれた女神

　グリーンターラーは仏教の慈悲と救済の女神です。観音が、全ての存在を哀れんで涙した際に、左目からこぼれ落ちた涙から生まれたといわれています。チベットでは最も愛される女神で、人々は観音や聖母マリアにそうするように、グリーンターラーに救いを求めました。

　彼女は、苦しむ者を素早く救済することで知られ、「行動の女神」ともいわれます。救いを求める者が危険、恐怖、不安におののき、最も困難な状況にあるとき、すぐに駆けつけることができるよう、右足を前に出した姿をしています。

女神のエネルギー

素早い判断力と行動力で誰からも頼りにされる

　グリーンターラーは、すぐれた判断力と行動力をもち、その自信に満ちた存在感は安心感を与えてくれます。困ったときに誰よりも素早く手を差し伸べ、臨機応変に物事に対応してくれる彼女は、誰からも頼りにされる存在です。彼女は自分の感性や直感の声を信頼し、迷いや躊躇することがないため、もっている実力を100％発揮するのです。

　事故や災害などの緊急事態、急病や物事の状況が急変したとき、ショックに陥ったときには、彼女に助けを求めましょう。行動力や判断力を高めたい場合にも協力してくれます。

【別名】緑多羅菩薩、シャマターラー
【所属】チベット仏教の菩薩
【役割】困った人や状況を素早く救済する
【出典】仏教神話
【象徴】星
【　色　】グリーン
【キーワード】救済、行動、慈悲、涙、蓮

聖母マリア
Mother Mary

母の慈愛で人々を包み込む、キリスト教の聖母

•Message•

「あなたの内なる神を信頼してください。その信頼が平安と温かさと強さを与えるでしょう」

あなたには、神に繋がる聖なる光と美、つまり内なる神が宿っています。神を信頼するように、内なる神を信頼してください。内なる神への信頼が、心に平安と温かさと強さをもたらすのです。私はあなたの内なる神を感じます。そしてあなたを信頼しています。

精霊によって身籠った、イエス・キリストの母

聖母マリアは、イエス・キリストの母です。聖書によると、彼女はヨセフと婚約中にイエスを身籠り、聖霊の働きにより創造神ヤハウェの子供を処女受胎したことを、大天使ガブリエルから告知されました。夢の中の天使のお告げでそのことを知った夫ヨセフは、全てを受け入れマリアと結婚し、イエスが生まれました。

イエスの磔刑後は、使徒のヨハネと小アジアのエフェソスで余生を送ったとされています。また、彼女は昇天後、世界各地に出現し預言や癒しを与えているといわれています。

女神のエネルギー

ゆるぎない神への、信頼から生まれる慈愛

聖母マリアは、おおいなる神を完全に信頼し全てをゆだねていました。彼女が慈愛を限りなく与えることができるのは、ゆるぎない信じる心があるからです。そして人は神の子で、その人にしかない聖なる美しさや才能があると確信していました。ですから、彼女は神を信頼するように、どんな子供たちも信頼し愛しました。そのことが彼らの才能や美を開花させ、愛情深い大人に成長させたのです。子育てや教育など子供に関することで助けが必要なときは、彼女に祈りましょう。インナーチャイルドの癒しにも力を与えてくれます。

【別名】処女マリア、聖母、聖女マリア、ミリアム、無原罪の御宿り、海の星、
　　　　天使の女王
【所属】—
【役割】子供の守護と癒し
【出典】新約聖書ほか
【象徴】白百合
【色】ブルー、ホワイト
【キーワード】純潔

ホワイトターラー

White Tara

癒しと長寿を与える、スピリチュアルヒーラー

●Message●

「サイキック能力を愛と智慧に結びつけ、スピリチュアル
な癒しの力を高めましょう」

女性は本来サイキック能力にすぐれたヒーラーです。サイキック能力
が愛と智慧に結びついたとき、スピリチュアルな癒しの力となるので
す。すぐれた能力をもてばもつほど、それをどう使うかの責任は増し
ていきます。愛をもってあなたの能力を発揮してください。

神話の中の女神

七つの目をもち、障害を取り除く

　ホワイトターラーは長寿と癒しと安らぎの仏教の女神です。「慈悲の仏母」とも呼ばれ、白は清浄、智慧、真理を示します。観音が、全ての存在を哀れんで涙した際に、右目からこぼれ落ちた涙から生まれたといわれ、グリーンターラーと一緒に観音の働きを助ける存在です。

　彼女は通常の二つの目、額の目、左右の手の平と足の裏の目といった、七つの目をもっています。それは、世界中の全ての苦悩を注意深く観て、妨げとなっている物を取り除き、癒しを与えるためといわれています。

女神のエネルギー

溢れ出るほどの智慧と、慈愛のエネルギー

　ホワイトターラーは、サイキック能力と智慧と慈愛に溢れた、スピリチュアルヒーラーです。彼女は、七つの目で相手の苦悩の全体を見聞きし、何が本当に必要か判断します。全体を観るということは、通常の目で姿や行動を見て、手足の目で体を診て、第三の目で気持ちやエネルギーの状態やスピリチュアリティを視ることを意味します。全体の話を聴くことは、言葉だけでなく、言葉以外で発せられるメッセージも聞くことを意味します。優しさと思いやりをもって相手を見聞きし、相手の存在に寄り添うからこそ癒しが起こるのです。

【別名】白多羅菩薩、シタターラー
【所属】チベット仏教の菩薩
【役割】癒しと安らぎをもたらす、長寿と健康を与える
【出典】仏教神話
【象徴】目
【 色 】ホワイト
【キーワード】長寿、癒し、安らぎ、慈悲、涙、蓮

マグダラのマリア
Mary Magdalene
無条件の愛と赦しを実践した、女性の霊的指導者

•**Message**•

「無条件の愛と歓びで満たされた、高次の意識と行動
は、あなたを真実へ導くでしょう」

あなたの信じる道を歩んでください。人にどう思われるかは関係あり
ません。それを妨げるのは罪悪感、恥、恐怖の気持ちですが、これらは
魂には本来備わっていないものです。あなたを真実へと導くのは、無条
件の愛と歓びで満たされた高次の意識と行動です。

神話の中の女神

霊的に成熟したイエスの高弟かつ霊的配偶者

マグダラのマリアは、イエス・キリストの弟子でキリスト教の聖人の一人です。「新約聖書」では、彼女はイエスによって七つの悪霊に取りつかれた病を癒され、また、磔刑に処されたイエスを遠くから見守り、その埋葬を見届けました。イエスの復活では誰よりも最初に立ち会い、イエスに託されたとおり、彼が復活したことを他の弟子たちに告げたそうです。

「外典」では、彼女はイエスの霊的配偶者で同様に敬愛され、高い霊的成熟度のためイエスから最も評価、信頼された弟子とみなされています。

女神のエネルギー

無条件の愛と赦しからくる美しく輝くエネルギー

マグダラのマリアは、透明感のある、美しく輝く精妙なエネルギーを放っています。それは、彼女が内なる安定と平安を身につけ、イエスの教えを最もよく理解し、イエスの後継者として伝道するにふさわしい人物であることを裏打ちしています。彼女が、イエスの教えと女性指導者に対しての、二つの迫害や逆風を恐れず伝道したのは、人々への献身と愛からでした。またソウルメイトとしてもイエスを愛しました。

彼女は女性が霊的に覚醒しスピリチュアルに生きる、内面の強さと愛と赦しをサポートします。

【別名】マリヤ・マグダレナ、マリー・マグダレン、携香女、亜使徒
【所属】—
【役割】スピリチュアルに生きることをサポート、人に真理を教える
【出典】新約聖書、マリアによる福音書、トマスによる福音書、フィリポによる福音書ほか
【象徴】香油壺
【色】マゼンダ、スカイブルー、ホワイト
【キーワード】献身、聖人

プレアデスの女神たち

女神プレイオネとプレアデスの七姉妹

　おうし座にある星の集まり「プレアデス星団」。日本でも古来より「すばる」という名で親しまれてきました。地球から比較的近い距離にあることから、世界各地で神話が作られています。プレアデスの星々の名は、ギリシア神話に登場する巨人アトラスとプレイオネとの間に生まれた美しい七姉妹にちなんで名づけられたといわれます。彼女たちはまた、月の女神アルテミスに仕える女神としても知られています。プレアデスの存在たちは古くから人類との関わりがあり、地球に平和をもたらす使命を持っています。女神としての七姉妹の役割は、長女マイアが『真実』。そしてエレクトラが『調和』、タイゲタは『パワー』、アルキオネは『愛』、ケライノは『自由』、ステローペは『歓喜』、メローペは『具現化』をそれぞれ司り、人々をサポートしてくれています。

●Message●

地球は創造と具現化の惑星ですが、多くの人は創造することを忘れてしまっています。あなた方人間は本来、創造的な存在で、誰しもが創造する力を備えています。作品や人間関係、料理、夢、仕事など、日常のあらゆることを創造することができます。あなたの人生に美と創造を織り込んでください。

Part 3

女神のパワースポット

ストーンヘンジ（イギリス）

多くの謎と伝説に包まれた、イギリス最大の巨石遺跡

ストーンヘンジについて

マーリンの魔法によって造られた巨大な遺跡

　ストーンヘンジは謎に包まれた古代の建造物で、紀元前3100年頃に築かれたといわれています。当初は円形の堀と土塁だけでしたが、紀元前2500年頃に木造建築物が築かれ、それが朽ちると巨大な石で二つの同心円が築かれ、現在はその一部が残っています。建材である巨石の最も重い石は50トン。小型の石のブルーストーンは、240kmも離れた西ウェールズのプレセリ山から、大型の石のサーセン石は、30km以上離れたマールバラ丘陵から運ばれたといわれ、その方法は現在も謎です。プレセリ山は魔法使いマーリンとアーサー王の伝説の地として知られており、マーリンがカメロットとアーサー王の会議場建設のため、プレセリ山からストーンヘンジまで石を魔法で飛ばしたという説もあります。

　ストーンヘンジは、何を目的に造られたかもわかっていません。夏至の太陽は、サークルの外側にあるヒールストーンの真上に昇り、曙光は遺跡の中心部を通路状にまっすぐ照らします。このことから大地の恵みを祈り、女神や神への儀式をおこなう神殿とか、天文台、暦といった、様々な説が唱えられています。このヒールストーンは、悪魔がストーンヘンジを建設しているときに、修道士によって建設を中断され、怒った悪魔が修道士に石を投げつけたところ、石は修道士の踵（ヒール）にあたり、今の場所へ落ちたという伝説から名づけられとか……。ストーンヘンジの付近では、ＵＦＯの目撃情報やミステリー・サークルの出現など不思議な現象も多く、宇宙との交信や、意識の変容をもたらす場所といわれています。

ストーンヘンジのエネルギー

増幅された、吹き出る大地のエネルギーの広がり

　ストーンヘンジは、緑の平野の中に忽然とその姿を現します。周囲にはただ平野だけが広がり、巨石たちは何千年もの間、昇る朝日、沈む夕日、満点の星たちに見守られてきました。

　敷地に入場し、石たちを間近に見ると、その大きさに驚かされます。そして、大地からは地球のエネルギーが吹き出しているかのように感じられます。サークルを造った石たちは互いに共鳴し合い、吹き出した大地からのエネルギーを増幅させているかのようです。サークルの中央で声を出すと、声は石たちによって共鳴され、音魂を作ります。きっと古代の人々も、ここで母なる大地に感謝を捧げたのではないでしょうか。

　ストーンヘンジの構造は、直立した石で取り巻いたサークルと、それを囲む水の流れる溝といった様式で、これは、他の多くの聖地でも見られる特徴です。この様式の場所がどう使われたのか、はっきりとはわかっていません。ただ、その様式の構造物の中央にいると、体と心が落ち着き、意識の状態が変わっていくのを、どの聖地でも共通して感じることができます。

　ストーンヘンジのサークル内に立つと、自分の意識が平野のもっと向こうまで広がっていくのを感じることでしょう。この構造は病を癒したり、おおいなるものや宇宙と繋がりメッセージを得たりすることを可能にする……そんな特別な形なのかもしれません。古代の人々も、それを感じたからこそ、大地のエネルギーが強く吹き出しているこの場所を選んで、意図してこのような構造を造ったのでしょうか。

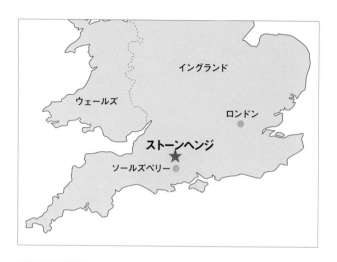

現地データ

【アクセス】車　ソールズベリーより約20分　ロンドンより約2時間
【その他】世界遺産。入場有料（2021年6月現在）。

スピリチュアルデータ

サークルの内部に入るには、事前申請が必要。夏至の日には、ドルイド教信者たち
による儀式がおこなわれる。

● スピリチュアルエネルギー ●

大地のエネルギーを増幅させる。そのパワーは人の意識の変容を促す。

グラストンベリー（イギリス）

イギリス最古のキリスト教巡礼地

グラストンベリーについて

聖ミカエルのラインと聖マリアのラインが交差するイギリスの聖地

　イギリスには、レイラインと呼ばれるものがあります。これは、主要な教会や遺跡を地図上でたどると現れる直線で、大地の強いエネルギーの流れ、風水でいう龍脈のようなものを示すといわれています。特にイギリス南西部から南東部へのレイラインは聖ミカエルのラインと呼ばれ、数多くの聖地や遺跡が点在しています。男性性を示す聖ミカエルのラインと互いに絡み合い、交差しながら同じように走行しているのが、女性性を示す聖マリアのラインです。二つのラインが交差する所は、特に重要な聖地といわれています。

　グラストンベリーで最も目をひくのがトールという標高150ｍの丘で、その頂には塔がそびえています。ケルトの神が宿るといわれる聖なる丘で、ここが聖ミカエルと聖マリアのラインが交差すると伝えられている場所でもあります。丘の斜面には螺旋状の段差があり、これは妖精が支配する地下世界へと続く立体迷路といわれ、古代の女神を祭る儀式もここでおこなわれてきました。

　トールのふもとには、美しい庭園に囲まれた聖なる泉チェリスウェルがあります。この泉をイエスの叔父アリマタヤのヨセフが訪れ、キリストの血を受けた聖杯を泉の底に収めたといわれています。泉の水は鉄分が豊富なため赤く、高いヒーリング効果が得られるとされ、2000年以上も枯れることなく人々を癒し続けてきました。イギリス最古のキリスト教聖地として、数多くの巡礼者が訪れるこの町は、現在、スピリチュアルな聖地としても注目を集め、多くのスピリチュアリストが訪れてもいます。

グラストンベリーのエネルギー

女性性を豊かにする女神のパワーと、時空間を越えた力

　グラストンベリーは、イギリスの田舎風情が色濃く残っています。町のメインストリートには、クリスタルショップやオーガニックカフェ、精神世界専門の書店などが軒を連ね、スピリチュアルな雰囲気が漂います。13世紀に、マグダラのマリア病院として建てられたマグダラ教会や女神センターが町の中心部にあり、女神フェスティバルが毎年開かれるなど、女神のエネルギーに満ち溢れています。

　町のどこからでも見えるトールの頂上は、西から東に向かって強い風が吹き抜け、まさしくエネルギーライン……ドラゴンの通り道を思わせてくれます。そして塔の中心は、大地から天へと流れる強いエネルギーの流れがあります。塔の中には石のベンチがあり、そこに横たわるとまるで時の流れが止まり、地中の深いところから宇宙をふくむおおいなる空間の中にいるような感覚におそわれます。心の奥深くの何かを揺さぶる感覚を呼び起こす場所のようです。

　聖なる泉チェリスウェルでは、花々が咲き、樹々が青々と茂っています。訪れる人々は、さらさらと流れる泉の水音を聞きながら、静かに瞑想しています。女性的な柔らかいエネルギーに満ち溢れ、そこにいるだけで癒されていくのがわかるでしょう。

　グラストンベリーや周辺のパワースポットを訪れると、あなたの魂は刺激され、永遠の中のあなたの魂の歴史に触れることができます。その体験は、あなたがなぜここ（現世）を旅しているのか、あなたの人生のテーマを明らかにしてくれるでしょう。

イングランド

ウェールズ

ロンドン

ブリストル空港・駅

★ **グラストンベリー**

現地データ

【アクセス】バス　ブリストル空港、ブリストル駅よりそれぞれ約1時間半
　　　　　　車　　ロンドンより約3時間

【 その他 】大きな宿泊ホテルはなく、B&Bとよばれる朝食つきの快適な民宿が
　　　　　　多い。

スピリチュアルデータ

レイライン上にあるイギリスの聖地。

● **スピリチュアルエネルギー** ●

内なる女神のパワーを目ざめさせ、人生の目的を明らかにする。

デルフィ（ギリシャ）

世界のへそと信じられていた、古代ギリシャ随一の聖地

デルフィについて

アポロンの神託がおこなわれた、古代ギリシャで最も神聖な場所

　古代ギリシャでは、世界は平らな円盤と考えられていました。そこで最高神ゼウスは世界の中心を調べるため、二羽の鷲を一羽ずつ、世界の両端から放ちました。二羽はデルフィの上空で出会い大地に落ちたことから、「世界のへそ（中心）」といわれるようになったのです。このときゼウスによって置かれたオンファロス（へそ）の石は、現在デルフィ博物館に展示されています。

　ゼウスは自分の意志を人々に伝えるため、息子のアポロンへ神託所にふさわしい場所を探すよう命じます。アポロンはギリシャ中を旅し、デルフィに辿り着きましたが、この地は古くから母なる大地の女神ガイアが祀られてきた聖地で、その息子ピュトンと呼ばれる大蛇が守っていました。そこで、アポロンはピュトンを殺し、この地で神託を授けるため、デルフィに神託所を設けました。デルフィという名前は、アポロがクレタ島からドルフィン（イルカ）に姿を変えやってきたことに由来するといわれています。

　紀元後4世紀に神託所が閉鎖されるまで、多くの巡礼者がここを訪れました。彼らは神託を得るため、カスタリアの泉で身を清めた後、聖域へと向かいます。アポロ神殿の下にある小部屋で、巫女ピュティアが大地の裂け目から立ち上るガスを吸い込み、忘我の状態になって神の言葉を伝えました。神殿の入り口には、「汝自身を知れ」「過剰の中の無」（過ぎたるは及ばざるがごとし）「誓約と破滅は紙一重」（無理な誓いはするな）という三つの格言が書かれ、巡礼者への教えとなっていました。

デルフィのエネルギー

女性性を目ざめさせるエネルギーと、世界中の女神との繋がり

イギリス同様、ギリシャにもレイラインがあり、その上には多くの聖地や遺跡がみられ、デルフィもその一つといわれています。ギリシャのレイラインは、ドドニ、デルフィ、アテネを通り、遠くイスラエルまで続いているようです。さらに、デルフィ遺跡からは地球上に放射状のエネルギーラインが伸びているという話もあります。

デルフィ遺跡はパルナッソス連山の懐に抱かれ、オリーブ畑と遠くにコリンティアコス湾を臨む山の中腹にあります。巡礼者がまず立ち寄ったといわれるカスタリアの泉は、鳥が飛び、精霊たちが住むといわれ、青々と生い茂った森に囲まれています。アポロの聖域から遠くの山々を見渡すと、心が広がっていくのを感じるでしょう。

アポロの聖域からは、眼下にアテナの聖域が見え、アポロンの神託がおこなわれた部屋のある付近からアテナの聖域に向けて、男性的な強いエネルギーの流れを感じます。その部屋の前で瞑想をしていると、突然、桜の香りがしてきます。もちろん周囲に桜の樹はありません。それは、デルフィと日本との繋がりを感じさせ、日本の女神とギリシャの女神は、見えない世界で繋がっていることを強く確信させてくれます。

デルフィの女神たちは、私たち女性一人一人が女神であることを意識し、女神として目ざめ、東洋と西洋が繋がり、調和のある世界を創るよう願っています。この地は、あなたにその思いを伝え、それに必要なエネルギーを与えてくれるでしょう。

現地データ

【アクセス】バス　アテネより3時間
【 その他 】世界遺産。標高2400mのバルナッソス山の中腹に位置。
　　　　　　夏でも涼しく、春秋にはセーターなどの防寒具が必要。

スピリチュアルデータ

ギリシャ文明の聖地。

● スピリチュアルエネルギー ●

女性性を目ざめさせ、女神としての自覚と自信を促す。

クレタ島（ギリシャ）

古代ギリシャ文明のさきがけとなったエーゲ海最大の島

クレタ島について

女神への畏敬と讃歌に溢れ、あまたの神々たちが生まれた神聖な島

　古代ギリシャの文明発祥の地であるクレタ島は、多くの女神、神が生まれた神聖な起源の場所とされてきました。そのためクレタ島は、神話の中でもしばしば登場します。

　全能の神ゼウスは、クロノスとレアの間に生まれた末子でした。我が子に王権を奪われるという予言を受けたクロノスは、予言の成就を恐れ、生まれた子供を次々と飲み込みます。しかし、妻のレアは、末子のゼウスを生んだ際、その身代わりとして産着に包んだ石をクロノスに与え、ゼウスをクレタ島のエーゲ山に隠しました。クレタ島で密かに育ったゼウスは、やがて父クロノスを倒し、オリンポスの最高神となったのです。

　ゼウスはまた、フェニキアの姫エウロペに恋をし、白い雄牛に姿を変えてエウロペを背にのせ、クレタ島にやってきます。エウロペはそこで、ゼウスの三人の息子を生みました。

　豊かな自然に恵まれたクレタ島では、女性性は命と豊饒をもたらすものとして尊重され、女神は命の歓び、生命原理そのものとして崇められてきました。女神は生命の樹の下に座り、万物を養育すると考えられ、樹は女神の象徴でした。そのため、樹木を倒すときには特別な儀式と聖なる斧が必要とされました。

　斧は生と死を示す女神のシンボルであり、鳥、蝶、蜂、蛇もまた、美しい姿やそのもの自体が変化することから、再生と変容を示す女神のシンボルとなっています。そのためクレタ島の中では、「双頭の斧を持つ女神」「鳥の女神」「蛇を持つ女神」など、様々な女神像を見ることができます。

クレタ島のエネルギー

女性性への讃歌と、女性であることの歓びのエネルギー

　紺碧の海、青々と茂るオリーブやアーモンドの樹々、色とりどりの花々。ここクレタ島は、命に満ち溢れています。さわやかな風は島のいたるところに吹き、さんさんと輝く太陽は私たちを祝福してくれるようです。

　古代クレタ島では、エジプトやシュメールと同じように、7月20日が新年でした。この日は恒星のシリウスが太陽とともに昇ってくる日で、クレタ島にあるクノッソス宮殿は、このシリウスに向かって建てられていました。シリウスは女神イシスの星ともいわれています。

　宮殿は周囲を山々に囲まれ、その山のエネルギーで、温かく包まれているようです。宮殿には「迷宮」という別名があるように、いくつもの回廊と何層にも重なった階層構造で、まるでおとぎの国の迷路のようになっています。宮殿の西側が神殿、東側が王宮であったといわれ、世界的に有名な「蛇の女司祭の女神像」は、神殿の下の階層の部屋で発見されました。そこではイシスにまつわる女神の儀式がおこなわれていたのでしょうか。また、東側の王宮には女王の間があり、イルカのフラスコ画が飾られ、イシスやシリウス、イルカとの深い繋がりを示しているのかもしれません。女王の間のある建物の周囲には、水路と大樹があります。その木陰にたたずむと、古代、王妃や女性たちがそこで沐浴やマッサージをしているイメージを感じ、かぐわしいアーモンドオイルの香りが立ち込めるようです。

　クレタ島は、女性が尊重され生き生きと暮らしていた歓びが伝

わってくるような、女性であることの歓びのエネルギーに満ちています。

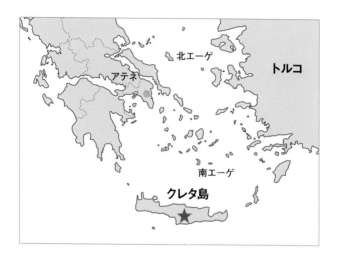

現地データ

【アクセス】飛行機　アテネより約50分
【その他】エーゲ海最大、地中海では5番目に大きな島。

スピリチュアルデータ

古代ギリシャ初の文明、クレタ文明発祥の地。

● スピリチュアルエネルギー ●

女性であることの歓びをエンジョイし、生き生きと生きることを教える。

ドドニ（ギリシャ）

ギリシャ文明の聖地にして、世界初の神託地

ドドニについて

母なる地球の女神への太古からの祈りと、ギリシャ最古の神託所

　ギリシャにあるドドニの遺跡には、野外劇場や男神ゼウスと女神ガイアの神殿跡などがあります。ここが、世界最古の神託がおこなわれたといわれる場所です。この地では、神託所が設置される以前から、母なる地球の女神ガイアへ祈りが捧げられており、神託所ができた後は、最高神ゼウスにも祈りが捧げられるようになりました。

　ドドニでおこなわれた神託について、古くは紀元前8世紀ごろに作られた叙事詩「オデッセイ」の中で記されています。また神託所の誕生については、ギリシャの歴史家ヘロドトスが二つの説を記しています。一つは、エジプトのテーベから巫女が遣わされ、聖なる場所としてドドニに神託所を設けたとする説、もう一つは、テーベから放たれたハトがドドニの樫の樹にとまり、神託所の開設を告げたとする説です。神託とは神の意を問うもので、当時のギリシャの世界では、王、政治家、哲学者、一般市民など、国家の運命を左右する重大な問題から個人的な問題に至るまで、あらゆる問題を神託によって解決していました。そのため神託所は最も神聖とされる場所に設けられていました。

　ドドニの神託は、巫女が樫の葉が風にそよぐ音を聴き、その音から神の意を解釈して告げるものでした。当時の神託所には大きな樫の樹があったそうですが、紀元後4～5世紀ごろの遺跡の荒廃とともに、当時の樹はなくなってしまいました。現在、ドドニの遺跡の中央には大きな樫の樹がありますが、これは後年、この話に由来して植えられたものです。

ドドニのエネルギー

母なる地球から受ける、無条件の受容の愛と歓びのエネルギー

　ドドニ遺跡は、美しい山々とギリシャの草原に囲まれた、盆地の中にあります。ここは、アテネから遠く離れているため訪れる人は少なく、ゆったりとした時間が流れています。広大な敷地にある遺跡、その入口の門付近から、周囲と大地からのエネルギーが一変するのが感じられます。

　門をくぐりしばらく進むと左手に野外劇場があり、さらに奥に進むと、神殿や神託所の跡があります。先へ進むにつれエネルギーは軽やかさを増し、神託に由来する大きな樫の樹のあたりは、花が咲き、鳥が飛び、そこに住んでいる妖精たちと遊びたくなりそうな、楽しげな雰囲気が漂っています。

　この地に立つと、自分が全面的に受容されているようで、「何をしてもいいのよ、子供に戻って自由に心も体も遊ばせていいのよ」という、優しい母なる地球の声が今にも聞こえてきそうです。ありのままの自分を受け入れ、無条件に愛してくれている存在がある、その愛で全身が包まれている……と感じ、ハートが開き、心が軽くなり、嬉しくて楽しくて仕方のない、蝶か鳥になって飛びまわりたい感覚で心が満たされます。

　母なる地球の無条件の受容の愛は、あなたの全てを受け入れ、あなたの中の歓びと美しさを高めてくれるでしょう。そして樫の葉のそよぎは、女神からあなたへのメッセージを届けてくれるはずです。

　ドドニは、無条件の愛をいっぱいに浴び、嬉しさ、楽しさ、温かさで満ち溢れた体験を味わえる場所です。

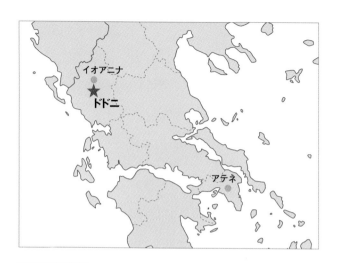

現地データ

【別名】ドドナ

【アクセス】飛行機　アテネよりイオアニナまで約1時間10分

　　　　　　車　　　イオアニナよりドドニまで約30分

【その他】ギリシャ文明最古の町。

　　　　　ギリシャ文明における世界最古の神託がおこなわれた。

スピリチュアルデータ

ギリシャ文明の聖地。

● スピリチュアルエネルギー ●

無条件の受容の愛に包まれ、あるがままの歓びに満ち溢れる。

聖母マリアの家 (トルコ)

緑の中にひっそりと建つ、聖母マリア信仰の巡礼地

聖母マリアの家について

古代から女神信仰の場所であり、聖母マリアの聖地

　トルコ地中海沿岸のアナトリア地方は、古代から地母神キュベレーやアルテミスなどの女神信仰が盛んで、スピリチュアルな点でも重要な場所でした。

　イエス・キリストは磔に処せられる前に、付き添っていた聖母マリアと弟子の聖ヨハネに「これからは、ヨハネがあなたの息子です。そして、聖母があなたの母親です」と語りました。イエスの死後、聖母マリアと聖ヨハネはしばらくエルサレムに住んでいましたが、キリスト教信者への迫害が続いたため、聖ヨハネは聖母マリアを伴って、エフェソスへ移りました。その後、聖母マリアは64歳まで生き、この地で生涯を閉じたといわれています。

　聖母マリアの家は、18世紀の終わりにアンナ・カテリーナ・エマリッチという尼僧の天啓によって発見されました。重病で寝たきりだったアンナは、ある日、聖母マリアと聖ヨハネが迫害を避けるためエフェソスに向かい、聖ヨハネの造った石造りの家で暮らしていたことや、その家の設計など、詳細な幻を見ました。幻の内容を本にまとめると、アンナを信じる人たちによって調査が始まり、1891年ついに聖母マリアの家が発見されたのです。その後、1894年まで家の修復が続けられ、1951年に聖母マリア協会の管轄下におかれました。

　第二次大戦後、次第にこの聖母マリアの家を訪れる人の数が増え、1967年にローマ法王パウロ六世、1979年にローマ法王ヨハネ・パウロ二世が巡礼をしたことから、世界中の関心が高まり、聖地として全世界に知られるようになりました。

聖母マリアの家のエネルギー

無条件の愛と、おおいなるものへの信頼による、癒しのパワー

聖母マリアの家は、アラ山の中腹、なだらかな坂道を少し上ったところに、ひっそりと建てられています。この坂道には藤の花が植えられています。藤の花は、その形がブドウの房に似ていることから、豊かさを示します。またブドウは、イエス・キリストの象徴の一つで、ブドウ酒はキリストの血ともいわれています。

石で造られたとても質素な建物の内部には、簡素な祭壇が作られ、聖母マリアの像がたたずんでいます。そこにあるのは、深い静寂と祈りのエネルギーだけ。たくさんのキャンドルに火が灯され、人々は静かに祈りを捧げています。その中には、祈りながら涙を流している人もいます。聖母マリアの深く温かい愛、苦しみや悲しみを乗り越え、無条件に全てを受容する愛、それらを痛いほど感じ、涙が溢れてきたのでしょう。その愛は聖母マリアのものだけではなく、その地に住まう、古代から面々と繋がる、多くの女神たちによるものかもしれません。

聖母マリアは私たちに、100%自分を信じることで、強く、優しくあることができると教えてくれます。その教えは、聖母マリアが人生をかけて得た、全ての知恵と愛を表現しているのです。また聖母マリアは、この地を訪れる人々に、愛と癒しを与え続けています。そして、一人一人に必要なメッセージを伝えてくれています。

家の外の階段を下ったところには、病が治るといわれる聖水が湧いています。その聖水は、全てを浄化するかのように、心の奥深くにまでしみ込んできます。

現地データ

【アクセス】バス イズミルよりセルチュク約1時間
電車 約2時間
【 その他 】セルチュクはエフェソス遺跡の玄関口の町。
エフェソス遺跡から7km離れたアラ山に聖母マリアの家はある。

スピリチュアルデータ

キリスト教の聖地。

```
● スピリチュアルエネルギー ●

受容と信頼は、苦悩や困難を無条件の愛へと導くことを教える。
```

ウルル（オーストラリア）

大地のへそといわれる、世界最大級の一枚岩

ウルルについて

神聖な儀式がおこなわれる、アボリジニの聖地

　ウルルとは「偉大な石」を意味し、ウルルのふもとには多くの洞窟や、アボリジニの人たちによって描かれた壁画が残されています。別名の「エアーズロック」はイギリスの探検家によってつけられたものです。

　アボリジニの神話では、天地創造のときに創造主の一つである大きな蛇が宇宙からウルルの大岩に降りてきて最初の人類を生み、命のエネルギーを吹き込んだといわれています。そしてその蛇は今も大岩に住み、宇宙の創造力の源になっていると伝えられています。

　ある伝説では、大蛇は虹色をしていて、子宮の中で月経血と混じりあって新しい命を作るとされています。蛇は聖なる地球のエネルギーと宇宙の生命エネルギーを、一枚岩は子宮を、岩の側面の洞窟や大きなくぼみは女性性器を表すシンボルとすることで、ウルル自体が創造のパワーの源であり、命の聖地であるとみなされてきたのです。アボリジニの人々はウルルのエネルギーと繋がることで、女性性のエネルギーが高まると信じてきました。初潮、妊娠、出産といった節目には、女性だけの神聖な儀式がおこなわれるなど、特に女性にとって重要な聖地でした。また、女性は自然から生まれ、自然の力を宿す者として敬意を払われ、月経中、妊娠中の女性は更に大切に扱われたそうです。大地のエネルギーは女性が示す、生み出す力そのもので、女性らしさは、自然と命の流れそのものにあるともいわれます。

　ウルル登頂は人気がありましたが、アボリジニの人たちや環境に配慮して、現在は登頂禁止となりました。

ウルルのエネルギー

母なる大地のエネルギーと鉄分のエネルギー

　真っ赤な大地、真っ青な空、地平線の見える砂漠の大地にそそり立つ一枚岩。太陽が地平線の向こうから昇り、岩を様々な色に変えながら夕焼けに沈み、夜空には満点の星が輝く。その光景は何万年、何億年も前から毎日繰り返されてきた地球のドラマです。

　ウルル周辺の赤い大地をふみしめ、砂漠の真ん中に立ったとき、悠久の流れの中で絶えることのない命のサイクルと、自分は生きている、命がある、生かされている、という思いが湧きあがってきます。そして、かけがえのないものとして、今ここに自分は存在しているという感覚に包まれます。

　お母さんは存在しているのに、なぜか感じる人間としての寂しさや孤独……これは、私たち人類がおおいなる母と切り離されたことによる、スピリチュアルな孤独なのです。ウルルの岩肌と大地は、「地球上の生命を育んできた偉大なる母は、この地球なのだ」ということを教えてくれます。ここは、スピリチュアルな孤独を癒し、母なる地球と再び繋がり、命の根源に触れることができる聖地です。そして、真っ赤な大地が、生きるためのバイタリティーとエネルギーを与えてくれます。

　周辺の大地は豊富な鉄分を含むため、真っ赤な色をしています。これは磁力や鉄分のエネルギーに満ちており、古来より生殖器性の不調や貧血の改善などによいといわれてきました。また、不妊治療や安産にも効果があり、バイタリティーや気力も高めてくれるため、うつ状態の緩和、意欲や創造力のアップ、疲労回復などに効果があるようです。

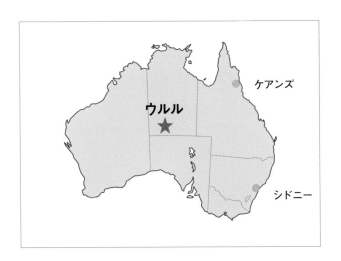

現地データ

【別名】エアーズロック
【アクセス】飛行機　シドニーより3時間半、ケアンズより2時間半
【その他】世界遺産。標高868m、周囲9.4kmの世界最大級の一枚岩。砂漠気候
　　　　　のため、夏の気温は40度を超えることもある。

スピリチュアルデータ

オーストラリア先住民アボリジニの聖地。

● スピリチュアルエネルギー ●

女性性のエネルギーを高め、ホルモンバランスを整える。

ハワイ島（アメリカ合衆国）

ハワイ諸島で最も大きい、活火山と神の島

ハワイ島について

火の女神ペレのスピリットが、今も宿る島

　ハワイ島の伝説に登場する神々の中で、ペレは特に有名な女神です。火の女神ペレは、キラウエア火山の火口に暮らしていました。ある日、夢の中でハワイ諸島を旅し、カウアイ島の若い酋長ロヒアウに恋をします。ロヒアウをハワイ島へ迎えるため、妹のヒイアカを使者としてカウアイ島へ送り込むのですが、ロヒアウとヒイアカは互いに恋におちてしまいました。嫉妬に怒り狂ったペレは、キラウエア火山を噴火させ、二人を焼き殺してしまいます。そのことに気づき、かわいそうに思った弟のカネミロハイは、二人を生き返らせました。

　ハワイ島には多くの神々の伝説がありますが、このエピソードからも分かるように、ペレはそのパワーと美しさから、ハワイの女神の中で最も崇拝され畏れられてきました。ハワイ島では、収穫物や花などをペレに捧げる伝統もあります。

　キラウエア火山には、ペレのスピリットが今も宿っています。ペレはこの聖なる土地そのものであり、この土地にあるものは、全てペレのものとされています。そのため、ほんの小さな石ころ一つを持ち帰っても、ペレの災いが降りかかるといわれています。このキラウエア火山を含む国立公園には、毎年多くの観光客が訪れます。観光案内所では、人々にこのペレの災いについて説明をし、何一つ持ち帰るべきでないと伝えています。それでも、小石をうっかりと持ち帰ったために様々な災いにあい、「ペレにこれを返してほしい」という謝罪の手紙とともに、それを送り返す人が後を絶たないようです。

ハワイ島のエネルギー

命のサイクルと、女性性のパワーを高めるエネルギー

キラウエア火山から吹き出るマグマは、大地を焼き払ったあと海へ流れ込み、やがて冷えて新しい大地を作り出します。そのためハワイ島は今も成長しています。母なる地球が大地を作り、生命を育み、古くなったものを一掃し、また大地を作っていく……その自然の生と死と再生のエネルギーを体感できる場所、それがハワイ島です。

まだ温かい火山のカルデラを歩いていると、地球からの生命のエネルギーが、下半身を通して体中に満たされてきます。それは、女性性のエネルギー。生殖と創造の力強いパワーを感じることができるでしょう。

ハワイ島にはまた、ラバチューブとよばれる溶岩でできた洞窟があります。溶岩が冷え、ガスの抜け穴が洞窟化したもので、全長は数キロにも及びます。その全容はまだわかっていませんが、中は光が全くない暗闇で、まるで地球の子宮そのもの。オーラやチャクラの光が見えたり、不思議な音が聞こえてきたりすることもあるようです。

たとえば、瞑想していると聞こえてくるのは、地球の音。ゴーンといった感じの、やや低い音です。さらに耳をすましていると、やがて天空の星たちがそれぞれの音を響かせ、宇宙全体がオーケストラの如くシンフォニーを奏でているように感じられます。音の一つ一つが、色とりどりのクリスタルのようにきらめき、意識は宇宙の海を漂いはじめます。

ここは、意識を地球から宇宙へと広げるゲート。聖なる地球の子宮は、宇宙へと繋がるチャネルとなっているようです。

日本

★ ハワイ島

現地データ

【アクセス】飛行機　日本より約7時間
【 その他 】ハワイ諸島の中で、最大の島。山脈は五つの山々で構成され、キラウエ
　　　　　　アは今なお火山活動が続いている。ハワイ火山国立公園は世界遺産。

スピリチュアルデータ

ハワイ先住民の伝説。

─── ● スピリチュアルエネルギー ● ───

女性性のパワーを高め、創造していく勇気を与える。

セドナ（アメリカ合衆国）

世界的に有名な、癒しのスピリチュアルリゾート

セドナについて

地球のエネルギーが渦巻く、アメリカ先住民の聖地

　セドナは、力強い緑の中を小川が流れ、ヴォルテックスとよばれる真っ赤な一枚岩の山々が、あちこちにそびえています。3億5千万年の年月を経て現在の景観となり、紀元前1万年前から人類が住み始めたといわれています。900年〜1350年の間は、アメリカ先住民が岩壁に住居を作り定住していましたが、1425年までに居住地は捨て去られ、先住民たちは消え去ってしまいました。その理由は、今もよくわかっていません。その後、1876年に白人が初めて入植しました。以来、独特の景観に魅了された多くの芸術家やニューエイジの人々が移り住み、スピリチュアルなパワースポットとなっています。

　セドナには地球のエネルギーが集中し渦を巻き、スピリチュアルなパワーに満ちています。そのため、聖なる土地とされ、太古の昔から多くの儀式がおこなわれていました。ヴォルテックスはエネルギーが特に集中した場所を意味し、中でもカセドラルロック、ベルロック、エアポートメサ、ボイントンキャニオンのスポットは4大ヴォルテックスといわれています。

　セドナの、山など高いところにある上流系のヴォルテックスは、高い視点から人生を見渡したいときに適しています。そこではポジティブになれるよう元気づけてくれたり、宇宙の調和に触れるサポートをしてくれるといわれています。一方、渓谷や洞窟など内流系のヴォルテックスは、過去の癒しを必要とするときに適し、自分を見つめることをサポートしてくれるようです。セドナは、新しい自分を発見し、生命力を高める癒しのスポットなのです。

セドナのエネルギー

生命と癒しの豊かなエネルギーと、宇宙との調和

　セドナの清らかな小川には、水による浄化のエネルギーが優しく漂い、真っ赤なヴォルテックスからは、力強い生命エネルギーが燃え立つように噴き出しています。その二つのエネルギーは絶妙なバランスで混じり合い、町全体をカバーしています。町のどこへ行っても、たおやかで女性的な癒しのパワーと、燃えるように力強い男性的な癒しのパワーで満たされ、とても守られていると感じます。

　いくつかのヴォルテックスは、誰でもその頂上まで登ることができます。かなり急な斜面を登り、ヴォルテックスの頂上に立つと、地球から噴き出すエネルギーが体中に満ち、押し上げられるような感じがするかもしれません。また、青く澄みきった空に包まれて、空中に浮かんでいるような感覚さえするでしょう。

　ヴォルテックスポイントの一つに、バーシングケーブ（子宮の洞窟）と呼ばれる女性のための聖地があります。山の斜面がなだらかにカーブして子宮の中のようになり、真ん中には産道のような穴があります。ここは、自分が生まれてきたことを祝福する場所です。生まれたこと、生きていることの歓びを、母なる地球に捧げ感謝したいという衝動にかられ、涙が溢れてくるでしょう。またバーシングケーブは、あなたの生きる意味も教えてくれます。

　ヴォルテックスからは、地球のエネルギーが宇宙に向けて発信されています。また、宇宙からのエネルギーを受信し、まるで衛星放送のサテライトのような働きをしているようです。古代の人々もここで、宇宙と交信をしていたのかもしれません。

現地データ

【アクセス】車　フェニックスより約3時間

【その他】標高1,371メートル。非常に乾燥した気候で、日中の寒暖の差が比較的
　　　　　大きい。春、秋が観光のベストシーズン。

スピリチュアルデータ

アメリカ先住民の聖地。

● スピリチュアルエネルギー ●

生命力を高め、宇宙的な視点から新しい自分を発見する。

シャスタ山 （アメリカ合衆国）

アメリカ先住民の、信仰対象となった神秘の山

シャスタ山について

宇宙のバランスを司る、スピリットが宿る場所

　高くとがった山頂をもつシャスタ峰と、それよりやや低く平らな山頂をもつシャスティーナ峰。二つの峰が重なりあうようにそびえ、それらを総称して、シャスタ山と呼びます。シャスタ峰が男性性を、シャスティーナ峰が女性性を示し、男性性と女性性のエネルギー統合、陰陽のエネルギー統合がおこなわれ、訪れる人のスピリチュアリティーを高め、癒しと人生における奇跡を起こすといわれています。

　シャスタ山の名前は、アメリカ先住民シャスタ族に由来しています。アメリカ先住民たちは、この山がおおいなるスピリットによって創造されたと信じていました。成人を迎える先住民の青年たちは、自分が今世を生きる使命に気づくため、この地で体を極限状態に追い込み、真の自己（無意識レベルの自己）と繋がるビジョンクエストと呼ばれる成人儀式をおこなっていたそうです。

　シャスタ山には先住民の伝説以外にも不思議な話が数多くあり、その一つにレムリア人伝説があります。5000万年以上前にあったとされる伝説のレムリア大陸が沈んだとき、一部のレムリア人たちはこの地に避難してシャスタ山の地下に地下都市を形成し、今も住んでいるというものです。シャスタ山近隣に住む人たちの間では、背の高いレムリア人と遭遇したという話は珍しくなく、また、シャスタ山付近でＵＦＯを見たという話も多く聞かれます。シャスタ山頂にしばしば現れる不思議な形の雲は宇宙雲と呼ばれ、宇宙のバランスを司るスピリットが、シャスタ山の内部に宿っているという説もあります。

シャスタ山のエネルギー

二極化したもののバランスをとり、スピリチュアルパワーを引き出す

　天と地を繋ぐようにそびえる山からは、人を寄せつけない厳しさではなく、全てを包み込むような優しさが感じられます。山には美しい高山植物が咲き、岩清水が流れ、蝶や鳥がひらひらと舞っています。

　シャスタ山にたたずみ、静かな時間の中に心と体をゆだねると、自分の中にある天と地、男性性と女性性、陰と陽、人間性とスピリチュアリティなどの、二つの異なる特質をもったエネルギーが一つに統合されていくのを感じます。そして、強さと優しさ、知性と直感、情熱と明晰さなどのバランスがもたらされます。すると、自分の中の相反する二つの気持ちから生じる葛藤や辛さは変容し、今までにない深い平安を心の奥で感じます。ハートが澄み渡り、やがて温かいもので満たされていきます。そのとき、ハートは本来の輝きを放ち始めます。ハートの光は自分のスピリットそのものです。その光に気づくことは、スピリチュアルな気づきと癒しであり、光を輝かせることで、スピリチュアルに生きることができます。

　私たち一人一人の光は、それぞれにユニークでかけがえのないものです。自分の光を輝かせるために、私たちは生きています。あなたの中にあるスピリットはあなたに気づいてもらえる瞬間を待っています。シャスタ山は、気づきのきっかけを与えてくれるでしょう。そして、あなたのハートが光を感じたとき、人生に奇跡が起こるでしょう。対人関係や仕事が変わったり、人生の生きがいが見つかったりと、眼に見える変化も訪れるでしょう。その変化を受け入れ、自分を信じて生きましょう。

現地データ

【アクセス】 車　サンフランシスコより約6時間
　　　　　　飛行機　サンフランシスコよりレディングまで約1時間後、車で移動
　　　　　　車　レディングより約1時間
【その他】 標高4322m、カスケード山脈第二の標高。
　　　　　　7〜9月が観光のベストシーズン。

スピリチュアルデータ

世界七大聖山の一つ。

● スピリチュアルエネルギー ●

二極化したものを統合して、人生に奇跡を起こす。

エフェソスの女神像
～トルコ～

エフェソスの女神

　トルコの西部、エーゲ海に面するエフェソスの町は、紀元前11世紀末頃に建設され重要な貿易都市として栄えました。紀元前550年頃にはアルテミス神殿が建立され、多くの人々の信仰を集めます。その神殿は世界七不思議の一つに数えられるほど、壮麗な建物であったとも伝えられ、ギリシャ・ローマ時代を通して最大の寺院の一つでした。ここは古くから地母神キュベレーが崇められる、縁の深い土地でした。キュベレーが豊饒と野生を司る女神であったことから、動物や自然を司るギリシャ神話の女神アルテミス、ローマ神話の女神ダイアナと結びついたといわれています。

女神アルテミス信仰

　エフェソスは女神アルテミスの一大信仰地でした。それは、聖パウロスがエフェソスの人々にキリスト教を布教した際、女神信仰を偶像崇拝であるといった言動にエフェソスの人々が腹を立て「エフェソスのアルテミスは偉大なり」と二時間も叫び続けたといった事件からも伺えます。また、エフェソスの女神信仰には、ユニークな特徴が

あります。ギリシャ神話に登場する女神アルテミスは、生涯独身を通しました。彼女は、清純でりりしい乙女の姿で描かれることも多く、これらは世界が父権社会へ変化し、女性の処女性が求められた影響と考えられます。しかし、エフェソスで見つかった女神像は、圧倒的な豊饒さを表現するものでした。

愛を与えてくれる女神像

　アルテミス神殿で見つかったアルテミスの女神像は、「エフェソスのダイアナ」とも呼ばれています。胸に付いた多くの乳房は、多産とあらゆる命を育む豊かさと母性の象徴です。広げた両手と両腕からは、救いを求めるもの全てを受け入れ、抱擁しようとする深い愛情が伝わってきます。スカートにライオン、牡牛、鹿、羊、山羊など、自らとともにいる動物たちが描かれ、自然の豊かな恵みと動物を守護していることを表しました。側面は再生を象徴する蜜蜂やバラの花などで飾られ、宇宙の死と再生のサイクルや、人々の変容を見守る役割をもっていたことを意味しています。この女神は、生きとし生けるもの全てをあるがままに受け入れ、その愛を限りなく与えてくれる存在なのです。エフェソスに古来から続く地母神信仰が、こうした独特のアルテミス像を創りあげたのでしょうか。また、聖母マリアが昇天するまでこの地に移り住み、451年のエフェ

ソス公会議で「神の母」と公認されたのも、この地が古代から女神の聖地で、女神のエネルギーに満ち溢れていたからかもしれません。

エフェソスの女神像

Part 4

内なる女神を
目ざめさせる

女神と繋がる

あなたを愛し、サポートしてくれている女神と繋がりましょう。
女神との繋がりは、あなたの人生を豊かに幸せにしてくれます。

内なる女神を目ざめさせる

　現代は、女神、聖なる女性のよみがえりの時期です。過去5000
年近く失われていた女神との繋がりを再び取り戻すことが、世界
に平和と愛と調和をもたらし、地球がスピリチュアルに成熟した
星へと成長し変容するカギなのです。そのためには、聖なる女性
性を敬い、女神と繋がることによって、女性、男性、双方の中に息
づく聖なる女性性を目ざめさせ、花開かせることが急務です。

　女神との繋がりを感じるには、女神について学ぶだけでなく、
女神を感じるエクササイズや祈り、女神ゆかりのエネルギース
ポットを訪れることから始めてみましょう。また、一人の女神を選
び、毎日イラストを眺めたり、女神の姿や顔を想像したりして、女
神を探求してみます。日常生活の中に、女神を招き入れ、女神の
エネルギーや存在に触れて行くたびに、女神とあなたとの絆が作
られていきます。女神の様々な側面と触れるたびに、あなたの中
の様々な側面が引き出され、やがてあなたは女神であることに気
づきます。そして、女神はあなたに愛と命の歓びを与え、物質面
でも精神面でもスピリチュアル面でも、豊かで幸せな人生へと導
いてくれるでしょう。

女神との繋がりを意識するようになると、あなたの近くに女神の存在を感じたり、日常生活の中で女神に導かれたようなことが起こり始めます。シンクロニシティが増えたり、直感が冴えたり、女神ゆかりの地に招かれたり、深い縁を感じる人との出会いが増えたり、あなたの予想を超えたことが起こってきます。そして、女神への信頼は深まり、感謝の気持ちが生まれてくるでしょう。

　あなたのハートは次第に温かいもので満たされ、体の奥深くに今までとは違う感覚が芽生えたとき、あなたの内なる女神が目ざめ始めます。あなたが内なる女神の存在に気づき、その声に耳を傾けると、あなたのオーラが少しずつ変化していきます。女神との絆を深めるほど、あなたの行動や周囲を見る目が変わり、そして、生まれ変わったように変容したあなたは、女神であったことに気づくのです。

女神のエクササイズについて

　女神はいつも私たちを見守り、無条件の愛を贈っています。あなたが幸せな人生を送れるように、今回生まれてきた目的を実現できるように、見えない形で常にサポートしてくれています。そして、あなたが女神との繋がりに気づき、女神からの愛をあるがままに受け取ることをとても嬉しく思っています。女神との繋がりを密にし、より多くのサポートを得る方法の一つが、女神のエクササイズです。

　女神のエクササイズをおこなうにあたって、場所とあなた自身の準備をしましょう。女神が好むのは、静かで、浄化と整理のされた清浄な空間、または、自然の中。そのような場所はあなたにとっても、女神のエネルギーを感じやすくしてくれます。また、あなた自身のオーラのエネルギーの滞りやネガティブな部分を、シャワー、塩、セージなどを使って浄化することで、女神の波動を受けやすくなります。美しいベルの音色やお花、クリスタル、キャンドルライトなども場のエネルギーを高めるために役立ちます。

　エクササイズをおこなうときは、自分の中の頭と心を埋めている思考と感情を手放し、今ここに意識を集中させます。自分が、真っ白なカンバスになったつもりでおこなってみましょう。エクササイズ中にどんなイメージが湧いてきても、何を感じても、たとえ何も感じなかったとしても、その感覚のままに任せましょう。全ての感覚を大切にし、あなた自身を信頼することが、女神と繋がる秘訣なのです。

神聖な空間を作るため、あなた自身をクリアにするための、浄化グッズを紹介します。これらをうまく使うことで、女神とより繋がりやすくなるでしょう。

クリスタル

クリスタルはパワーをもつ鉱物。鉱物によってそのパワーは様々ですが、中でも水晶は浄化力が高く、置いておくだけでその場を清めてくれます。

ホワイトセージ

古くからネイティブ・アメリカンの間で儀式や浄化に使われてきた神聖なハーブ。このハーブを焚くと、その煙が部屋や物などを浄化します。

ティンシャ

チベットに古くから伝わる音の浄化＆ヒーリングアイテム。音を鳴らすことで、空間、物、人、オーラなどのネガティブエネルギーを浄化します。

提供：CR&LF研究所

大地の女神と繋がるエクササイズ

心を解放し母なる大地 地球と繋がり、無条件の愛のエネルギー
を受け取りましょう。それは女性性を高め、高次元の存在との
一体感を教えてくれます。

1 足を軽く開いて立ちます。息を吸いながら踵を上げ背伸
びをし、息を吐きながらゆっくりと踵を下ろしましょう。
2～3回繰り返しおこない、最後は体重が土踏まずの真
ん中にくるように体の位置を安定させ、ゆったりとした
呼吸をおこないましょう。

2 お腹に意識を向け、呼吸を
おこないます。吐くときに
お腹がへっこみ、吸うとき
に出るのを感じながら呼吸
を繰り返します。息を吐く
たびに、全ての緊張がほぐ
れていきます【図1】。

【図1】
ゆったりとした
呼吸を繰り返
し、全身の緊
張をほぐしま
しょう。

（ここからはイメージをしながら、おこなってください）

3 　今あなたは、草原の小高い
丘の上に立っています。頭
上には青空が広がり、あたり
一面に青々とした草がどこ
までも続いています。そよそ
よ風が渡り、あなたの頬をな
でていきます。さわやかな草
原の香りがあたり一面に立
ち込めています【図2】。

【図2】
丘の上に立ち、風を感じましょう。

4 　そこには様々な色の花も咲いています。どんな色のどん
な花が咲いていますか？……花の周りを、蝶が飛んでい
ます。どんな蝶が飛んでいますか？……楽しげに飛びま
わる蝶を見ていると、とても楽しい気分になって、一緒
に遊びたくなります。そしてあなたは蝶の後を追いかけ
て、花から花へと草原の中を走りまわります。まるで蝶
と鬼ごっこをしているようです。

5 　蝶とひとしきり遊ぶと、今
度は座って花とお話しがし
たくなります。あなたは一つ
の花に近寄り、なんと声を
かけますか？……花もあな
たに語りかけてくれます。花
とも仲良くなって、あなたは
とてもいい気分です【図3】。

【図3】
気になるお花と、お話をしましょう。

6　もう一度大地の上に立ち、大きく両手を広げ深呼吸を繰り返しましょう。あなたの足の裏に大地を感じましょう。そして、大地からのエネルギーが足を伝わり、あなたの体中に流れてくるのを感じ味わいましょう。大地は植物、動物、全ての生きる物たちを育んでくれています。それは、大地の女神の愛そのものです。そして大地の女神は、いつでも全ての存在をあるがままに愛してくれています。その無条件の愛を十分に受け取りましょう【図4】。

【図4】
足の裏に母なる大地を感じ、そこから無条件の愛のエネルギーを全身に受け取りましょう。

7　今度は、両手を空に向けて広げましょう。空から宇宙のエネルギーが、あなたに降り注がれています。手や頭のてっぺんから、宇宙のエネルギーが流れ込み、体中に広がっていくのを感じ味わいましょう【図5】。

【図5】
両手を空に広げ、宇宙のエネルギーを全身に受け取りましょう。

8 両手を下ろし、もう一度大地を感じてみましょう。あなたは、大地と宇宙を繋ぐ大切な存在です。片手を大地に、もう一方の手を空に向けます。あなたによって、大地と宇宙の繋がりが深まったことを、大地も宇宙も歓んでいます。

9 両手を元に戻し、まっすぐに立ちます。そして、ハートに意識を向けましょう。あなたの光はハートから輝いています。その輝きは大地にも宇宙にも広がっています。ただあなたの輝きを信頼しましょう。信頼すればするほど、宇宙と同調し、あなた自身がおおいなるもの（宇宙）と一体となっていくでしょう。

（この感覚を、いつも忘れずにいてください）

あなた自身を知るための女神瞑想

今生の役割や目的を知りましょう。そして、イメージし宣言することで実現化を早めたり、ブロックしているものをサポートするものへ変容させます。

1　椅子の背にゆったりと身をあずけ、リラックスした状態で座ります。目を閉じて呼吸に意識を集中し、徐々に体の力を抜いて、全身の緊張をときほぐします【図1】。

【図1】
椅子に座り、呼吸とともに全身の緊張をほぐしましょう。

2　心身が落ち着いてくると、やがて頭の中をいろいろな思いがよぎるのに気づくでしょう。ですがその思いは、湧き上がっては流れる空の雲のように、いつしか過ぎ去ります。今、あなたがいる場所は静けさと安らぎに満ちています。ここはとても安全な場所です。気持ちは穏やかで、とても安心しています。その安らぎをしばらく味わってください。

（ここからはイメージをしながら、おこなってください）

3 　あなたは樹々や花の咲き乱れる森にいます。目の前には、洞窟の入口が見えます。そこは母なる地球の体内へと続く入口。あなたはこれから、そこへ旅をするのです。深呼吸を3回おこないましょう。そして、ゆっくりと歩き始めましょう【図2】。

【図2】
森にある洞窟の
入口をイメージし
てみましょう。

4 　岩が階段のようになっています。足元に気をつけながらゆっくりと下りていくと、少し開けた空間があり、道がすっと向こうに伸びています。あなたはその道を、ゆっくりと歩き始めます。日の光が、まだあなたの後ろから行く手を示してくれています。一歩一歩足元を確かめるようにあなたは進んでいきます。だんだんと暗くなるにつれ、空気がひんやりとしてきます。

5 　かなり暗くなりあたりの様子がわからなくなってきたら、手にもっている明かりで道を照らしましょう。母なる地球の体内の温度、空気、湿り気、香り、壁の手触り……全ての感覚を使って味わいましょう【図3】。

【図3】
暗くなってきたら、手にもった明かりで道を照らしましょう。

6 　道は曲がりながらもまだまだ続いています。やがて少しくぼんだ、広い空間に到着しました。ここで立ち止まり、手にもっている明かりを消しましょう。今あなたは、真っ暗な空間にたたずんでいます。深呼吸を3回おこないましょう。ただ、静けさに満ちた何もない空間に、あなたはいます【図4】。

【図4】
真っ暗な静かな空間で、深呼吸をおこないましょう。

（ここからはイメージをしながら、おこなってください）

7　あなたの声が洞窟に響き、地球や宇宙に広がっていくように……そのバイブレーションが全ての空間や次元に広がっていくように……あなたが今感じるままに、自由に声を出しましょう。小さなささやき声、大きな雄叫びなど、声の音量や性質を変えて、声で遊んでみましょう。あなたの出す音は洞窟中に響き、とても美しいバイブレーションを作っていきます。そして洞窟からこの世界に、宇宙へと広がっていきます【図5】。

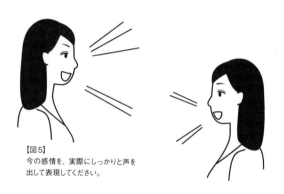

【図5】
今の感情を、実際にしっかりと声を
出して表現してください。

8　この洞窟に住まう女神は、創造の火の女神です。これからこの女神へ、あなたの祈りを捧げましょう。まずあなたの名前と住所、両親や覚えている限りの先祖の名前を小さな声でいいましょう。そして、あなたが誰であるかを伝えていきます。そのために、まずあなたが、この世界で何でありたいかを考えてみてください。教師、治療

家……何でしょうか？そして、それが意味するものは何でしょうか？例えば、音楽教師であれば、人に音楽の楽しさを教えることですし、治療家であれば、病で困っている人を癒すことといえます。あなたがそうでありたい者の意味がわかったら、女神に宣言しましょう。

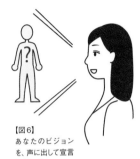

【図6】
あなたのビジョンを、声に出して宣言しましょう。

(例：「私は音楽教師です。音楽の楽しさを教える人です」)あなたがそうでありたい、あなたの本質を示す者を堂々と宣言してください……女神は、あなたが誰であるかを聞き入れました【図6】。

9　では、あなたが完全に宣言した者であるのを妨げたり、隠したりするエネルギーがあれば、それを両手の上に乗せ、女神に捧げましょう。女神はそのネガティブなエネルギーを火の力で変容してくれます。彼女はあなたの両手に向かって火のエネルギーを噴きかけました、ハッ！あなたの両手にあったエネルギーは燃やし尽くされ、中から宝石が現れました。あなたはその宝石を受け取ります。その宝石は、あなたがいつでも宣言した者でいられるよう、サポートしてくれます【図7】。

【図7】
ネガティブなエネルギーは女神の力によって、目標をサポートしてくれるものへと変容されます。

10 女神へ感謝の言葉を述べましょう。さあ、地上に帰るときがきました。今あなたは、あなたが宣言した者です。その状態のまま堂々と洞窟を歩いていきましょう。洞窟の、温度、空気、湿り気、全てのものを味わいながら、来た方向へ戻っていきます。

11 だんだん向こうが明るくなり、初めに降りた階段のところまできました。一歩一歩階段を昇り、ようやく洞窟の外に出ました。明るい日差しを浴び、森の新鮮な空気を感じながら、深呼吸を3回おこないましょう。鳥たちがあなたを祝福して、さえずっています【図8】【図9】。

【図8】
なりたい自分になれたことに自信を持ちつつ、洞窟の外へと出ましょう。

259

【図9】
明るい日差しと新鮮な空気を感じながら、深呼吸をしましょう。

12　準備がととのったら、意識を現実へと戻していきます。この部屋へ意識を向け、部屋の外の音に耳を傾けましょう。手の指や足の指をそっと動かしてみます。大丈夫だと感じたら、静かに目を開け、体を充分に伸ばしましょう。

（その宝石の力を借りて、いつも本来の自分でいてください）

スピリチュアル用語集

本書に登場するスピリチュアル用語を、独自の解釈を交えつつ
解説します。用語を知ることで、理解が更に深まるでしょう。

イシスの秘儀	エジプト神話の女神イシスの、癒しと魔法の力を得るためにおこなわれた儀式。
エレウシスの秘儀	ギリシャ神話の女神デメテルの祭儀の中心地エレウシスで、人が神に至るためにおこなわれた儀式。紀元前1700年頃のミケーネ文明で始まったとされる。
クレヤボヤンス	超能力の総称で、特に透視能力を指す場合が多い。超能力を発揮する場（第六チャクラ）の名称でもある。
シャクティ	あらゆるものを生み出す、女性の力強い生命力を表したインドの言葉。
シンクロニシティ	意味のある偶然の一致。共時性。同時性。同時発生。
聖婚 （ヒエロガモス）	聖なる婚姻。男女の神の性交または、人と神の性交による儀礼。これによって、地上に豊かさが与えられる。
チャクラ	宇宙の生命エネルギーや情報を、心身に取り入れる場所。人間の体には、主に七カ所のチャクラがある。
レムリア	5000万年以上前のインド洋または太平洋に存在したとされる大陸（通称レムリア大陸）。この大陸やそこに住んでいた人々、文化、歴史などの総称。レムリア人は、現代人とは異なる精神文化や能力をもっていたといわれている。

五十音索引

次の索引は本書で紹介している女神や登場する神々を、簡単に見つけることができるように作られたものです。

あとがき1

　本書の「女神の基礎知識」の中で、自然のサイクルと女神の本質のお話しをさせていただきました。

　人生や宇宙、自然にはいくつかの周期があり、人類および万物はそのサイクルに則って、成長や再誕を繰り返しています。
　本書は2010年に出版された単行本を11年数ヶ月（約12年）を経て再編集され、新たに文庫本として生まれ変わりました。

　人生や人間のリズムには12年単位の周期があり、12年毎に新たなターム（世界）に入っていきます。さらに、2020年12月には約2160年続いた、支配／物質的、男性的な「魚座の時代」から、個々が主役の女性的な「みずがめ座の時代」に移行しました。これから約2160年は、女性性、女神の時代が続く事になり、まさにそのスタートのタイミングに合わせるかのように、本書が生まれたことはとても必然であり、また非常に感慨深くもあります。

　注意深く日常を見渡すと、日々の中ではこうした不可思議な現象やコトに遭遇することが多々あり、物事の再生や女神性はこうしたサイクルの中に息づいているということを強く感じます。

　慌ただしい日常の中で、疲れや息苦しさなどを感じるときは、あなたは本来の自分から少し離れてしまっている状態かもしれません。そんなときには、身近な自然の中に入ったり、静かな部屋等

でしばし思考を休め、この自然や現象、サイクルの中に息づく、女神性を感じてみてはいかがでしょうか。

　静かな環境の中で自分の内側に心を合わせるとき、あなた自身も女神の一部なのだという事を思いだし、細胞、思考、心、精神は癒され、再生されて行くのを感じられるはずです。すくなくとも、自身を優しく包んでくれるような安らぎは感じられることでしょう。

　また目を閉じて深呼吸をして、本書の任意のページを開いてみるのもオススメです。その頁からは、あなたに必要な女神のエネルギーとメッセージが届けられるはずです。

　本書を出版するにあたり、女神解説の大方の執筆を担当してくれた明石先生やデザイナーの高市さん、イラストレーターの押金さん、ひとつの周期を一巡して再びみなさんと再会することができました。そしてマイナビ出版の新しい編集担当者として巡り会ってくださった伏嶋さんと、主要なスタッフは全て女性です。

　これらの女神チームにより新たな息吹が吹き込まれた新生「女神事典」を、お手にとっていただいた皆さまに、女神の豊かな愛と祝福がたっぷりと注がれます事、強く強く願っております。そして、これから続く新たなサイクルにおいて、世の中が永く平和でありますように。全てが愛によって統合され、生きとし生けるものが、笑顔と喜びで満たされ光り輝き続けますように。

CR&LF研究所／月音（つきね）

あとがき2

　2010年に単行本として出版された女神辞典が11年の歳月を経て、このたび文庫本として再誕することとなりました。奇しくも2020年からのCOVID-19のパンデミックが続いている中での再誕。それは、今一度、女神の光が強く求められているからかもしれません。

　不思議なことに、この再誕の知らせを受けたのは、京都府八幡市にある石清水八幡宮を参拝していた時でした。石清水八幡宮には、日本を平和と繁栄に導く神として、応神天皇（誉田別命）、比咩大神、神功皇后がお祀りされています。中でも、神功皇后は古代日本で最も活躍した皇后と言われる女性です。夫である第14代天皇・仲哀天皇が急逝すると、ご神託を受け、皇子を身ごもりながら自ら国内内外に出兵し、古代日本を統一し、朝鮮半島を従わせました。出産後は、約70年にわたり摂政として国内を安定させ、皇子は第15代天皇・応神天皇として即位。そのお子様が仁徳天皇です。全国にゆかりの聖地があり、明治時代に初の肖像画紙幣にもなっている神功皇后。日本の平和と繁栄のため、公私にわたり活躍した偉大なシングルマザーは、現代の女性を鼓舞し応援してくださる力強い存在です。

　青く晴れ渡った日に神功皇后ゆかりの神社で聞いた再誕の知らせ。その時、神功皇后から背中を押されたかのような、そして、扉が開くかのような感じがしました。女神のふところに抱かれてい

る安心感や幸せ感。その感覚が広がり、やがて、すべてがひとつであるという大きな幸せ感を多くの人々が共有し、日本、世界が安寧でありますように。

　この本を出版するにあたり、いつも私たちを育みサポートしていただいている女神たち、この本の作成にご尽力いただいた津久井孝江（月音）様およびCR&LF研究所、リクパの皆様、出版社のスタッフの皆様、小笠原英晃様、携わってくださったすべての方々に、心より感謝申し上げます。

令和3年6月　明石麻里

■参考文献一覧

『アフリカ神話』ジェフリー・パリンダー 著（青土社）

『インド神話入門』長谷川 明 著（新潮社）

『ヴィジュアル版世界の神話百科—ギリシア・ローマ／ケルト／北欧』アーサー・コットレル 著（原書房）

『ヴィジュアル版世界の神話百科 アメリカ編—ネイティブ・アメリカン／マヤ・アステカ／インカ』デイヴィッド・M.ジョーンズ、ブライアン・L.モリー 著（原書房）

『ヴィジュアル版世界の神話百科 東洋編—エジプトからインド、中国まで』レイチェル・ストーム 著（原書房）

『ギリシャの神話と宗教』マリア・マヴロマタキ 著（HAITALIS）

『クノッソス ミノア文明』ソソ・ロギアドゥ・プラトノス 著（I. MATHIOULAKIS）

『ケルトの神話—女神と英雄と妖精と』井村 君江 著（ちくま文庫）

『古事記—記紀神話と日本の黎明』（学研）

『再生の女神セドナ—あるいは生への愛』ハンス・ペーター デュル 著（法政大学出版局）

『世界の神々』がよくわかる本 ゼウス・アポロンからシヴァ、ギルガメシュまで』造事務所 著（PHP文庫）

『チベット密教の本』少年社 編（学研）

『「日本の女神様」がよくわかる本 アマテラスから山姥、弁財天まで』戸部 民夫 著（PHP文庫）

『北欧神話』尾崎 義 訳（岩波書店）

『マグダラのマリアによる福音書 イエスと最高の女性使徒』カレン・L.キング 著（河出書房新社）

『女神』高平 鳴海・女神探究会 著（新紀元社）

『女神のガイダンス・オラクルカード』ドリーン・バーチュー 著（ライトワークス）

『女神のこころ』ハリー・オースティン・イーグルハート 著（現代思潮新社）

『女神の魔法 ～女神と天使のガイダンス～』ドリーン・バーチュー 著（メディアート出版）

『知っておきたい世界の女神・天女・鬼女』金光 仁三郎 監修（西東社）

『図解 北欧神話（F-Files No.010）』池上 良太 著（新紀元社）

『図説 エジプトの神々事典』ステファヌ・ロッシーニ、リュト・シュマン＝アンテルム 著（河出書房新社）

『図説 世界女神大全 Ⅰ、Ⅱ』アン・ベアリング、ジュールズ・キャッシュフォード 著（原書房）

『世界遺産 アンデス・インカをゆく』義井 豊 著（小学館）

『世界神話大事典』イヴ・ボンヌフォワ 編（大修館書店）

『世界のパワースポット—癒しと自分回復の旅ガイド』ヴォイス 編（ヴォイス）

『聖母マリア』（HITIT COLOR）

『日本の神々の事典—神道祭祀と八百万の神々』薗田 稔、茂木 栄 監修（学研）

『姫神の本—聖なるヒメと巫女の霊力』少年社、武田 えり子、古川 順弘、幣旗 愛子 編（学研）

『和（やわらぎ）の女神たち—日本の女神がつむぐ聖なる母性の風』姫乃宮 亜美 著（説話社）

『よくわかる「世界の女神」事典』幻想世界を研究する会 著（廣済堂）

『ラルース世界の神々・神話百科—ヴィジュアル版』フェルナン・コント 著（原書房）

『和英対照新約聖書』日本聖書協会 編（日本聖書協会、American Bible society）

『レムリアの女神』マリディアナ万里子 著（ナチュラルスピリット）

『プレアデス銀河の夜明け』バーバラ・ハンド・クロウ 著（太陽出版）

『プレアデス覚醒への道』アモラ・クァン・イン 著（太陽出版）

『Pele:Goddess of Hawaii's Volcanoes』Herb Kawainui Kane 著（The Kawainui Press）

『The Triple Goddess:An Exploration of The Archetypal Feminine』Adam McLean 著（PHANES PRESS）

『Voices of The First Day:Awakening in the Aboriginal Dreamtime』Robert Lawlor 著（Inner Traditions International, Ltd.）

明石 麻里
Mari Akashi

1989年関西医科大学卒業。眼科専門医を経て、心と精神性の探求が始まる。
Nature Care College(豪州)で代替医療を学び、帰国後、心療内科、精神科、統合医療を専門とし、病院に勤務。心療内科学会認定指導医、精神保健指定医、日本統合医療学会理事。講演、セミナーや、国内外の聖地を巡礼し日本神話の聖地のご案内をする等の活動とともに、禅的な探求を深めている。
著書『月の魔法ワーク』『スピリチュアルヘルス宣言』。
国際ヨガ協会会報誌インナームーブに『こころのヨガ』連載中。

CR&LF研究所（しーあーる あんど えるえふ けんきゅうじょ）
Creative Room & Life Facilitation lab.

クリエイティブ、食、健康、スピリチュアル、ライフスタイル、投資など、ジャンルの垣根を越えて活躍する女性をトータルとしたスペシャリスト集団。
ビジネスとライフワークの融合をはかりながら、新しいライフスタイルやコンテンツの研究、開発、提案などを行う。
【主な活動内容】出版＆ビジネスプロデュース／コンテンツ企画制作／
女性のためのライフマネジメント研究／商品開発／イベント企画／
ライフコンサルティングetc...
【ホームページ】http://crlf.tsukine.love

月音
Tsukine

CR&LF研究所、風の時代を楽しく生きるための「ひかりのがっこう」代表。
広告＆編集企画制作会社の経営、執筆、プランニング、ディレクションなど
長年のクリエイティブ活動を経て、健康、食など幅広い分野における
ライフスタイルやスピリチャリティの研究と開発に携わり、独自のユニークな
コンサルティングやワークショップ、ヒーリングなどを行う。
テーマはスピリチュアリティとライフスタイルの統合。
【ホームページ】http://tsukine.love

■ STAFF

ブックデザイン	高市美佳
イラスト	押金美和、藤田綾乃
企画・構成	津久井孝江
執筆	明石麻里、津久井孝江（月音）
Special Thanks	細越航
編集	成田晴香

本書は、『愛と光に目ざめる女神事典　魂を導く86の世界の女神たち』
（2010年4月／小社刊）を再編集し、文庫化したものです。

マイナビ文庫

愛と光に目ざめる女神事典
魂を導く86の世界の女神たち

2021年6月20日　初版第1刷発行

編著者　　明石麻里／CR&LF研究所
発行者　　滝口直樹
発行所　　株式会社マイナビ出版
　　　　　〒101-0003 東京都千代田区一ツ橋2-6-3 一ツ橋ビル2F
　　　　　TEL 0480-38-6872（注文専用ダイヤル）
　　　　　TEL 03-3556-2731（販売）／ TEL 03-3556-2735（編集）
　　　　　E-mail pc-books@mynavi.jp
　　　　　URL https://book.mynavi.jp

カバーデザイン　米谷テツヤ（PASS）
DTP　　　　　　田辺一美（マイナビ出版）
印刷・製本　　　図書印刷株式会社

プレゼントが当たる! マイナビBOOKS アンケート

本書のご意見・ご感想をお聞かせください。
アンケートにお答えいただいた方の中から抽選でプレゼントを差し上げます。
https://book.mynavi.jp/quest/all